DIE

TRENNUNGSBEFUGNIS DES CIVILRICHTERS

NACH § 145 DER REICHS-CIVILPROZESSORDNUNG.

LEIPZIGER JURISTISCHE INAUGURALDISSERTATION

VON

DR. JUR. GERHARD HÜBLER.

LEIPZIG
VERLAG VON VEIT & COMP.
1902

Druck von Metzger & Wittig in Leipzig.

Inhalt.

Einleitung.

Erster Abschnitt.

Die Trennungsanordnungen des § 145 im allgemeinen.

Zweiter Abschnitt.

Die Spaltung in getrennte Prozesse nach § 145 Abs. 1 und 2.

Dritter Abschnitt.

Die Anordnung, daß über die Klage und über die Aufrechnung getrennt verhandelt werde nach § 145 Abs. 3.

Vierter Abschnitt.

Wie ist zu verfahren, wenn der Beklagte auf Grund derselben Gegenforderung gleichzeitig Widerklage erhebt und die Aufrechnung geltend macht?

Einleitung.

§ 1.

I. Historischer Überblick.

Das schriftliche Verfahren des gemeinen Prozesses war beherrscht von dem Prinzip der gesetzlichen Reihenfolge der Rechtsbehelfe und von der Eventualmaxime. Es war seiner Natur nach ein einseitiges, ungleichzeitiges. Es hatte sich in durch das Gesetz vorgeschriebenen fest bestimmten Stadien vorwärts zu bewegen; der Klage hatte die Vernehmlassung, dieser die Replik und dieser die Duplik zu folgen. Auch jeder Schriftsatz hatte wieder seinen bestimmten Inhalt und für diesen eine vorgezeichnete Reihenfolge.[1] Damit ist für den schriftlichen Prozeß, in dem überdies das Stadium der Behauptungen und das der Beweise durch die Cäsur des selbständig anfechtbaren Beweis-Interlokutes geschieden war, eine natürliche Ordnung und Gliederung des Prozeßstoffes gegeben. Zu einer Trennung des Prozeßstoffes im Laufe des Prozesses sowie zum Erlaß von Zwischenurteilen und mehreren Teilurteilen war ein Bedürfnis nicht vorhanden.[2]

Diese Ordnung und Gliederung der Masse des Prozeßstoffes kommt mit der Durchführung des Prinzips der Unmittelbarkeit und Mündlichkeit der Verhandlung in Wegfall. Zwar hat auch der moderne mündliche Prozeß die Eventualmaxime nicht völlig beseitigt; es bleibt eine Zerlegung des Verfahrens in die großen Abschnitte des Vorverfahrens, des Hauptverfahrens und des Nachverfahrens, eine Einteilung, welche durch eine Reihe von Vorschriften, z. B. §§ 274, 275 auch für unseren Zivilprozeß eine ge-

[1] Vergl. Motive zur CPO. S. 25, Hahn I S. 128.

[2] Vergl. Lippmann in Busch Bd. 13, S. 88; RG. Entsch. Bd. 31, S. 7.

wisse Bedeutung behauptet. Aber das für die endgiltige Sachentscheidung grundlegende Hauptverfahren entbehrt im modernen Prozesse der stofflichen Gliederung. Es ist ein zweiseitiges und gleichzeitiges Verfahren; „frei fließt die Verhandlung in mündlicher Form dahin, nur geleitet durch die Hand des Richters, welchem die bedeutsame Aufgabe zufällt, sie vor Verwirrung und Verschleppung sicher zu wahren.“[3]

Ist es auch wohl zu weit gegangen, wenn LIPPMANN[4] sagt, die Mündlichkeit der Verhandlung dränge unwillkürlich dahin, „den Prozeß in die Summe seiner einzelnen Fragen aufzulösen,“ so ist doch so viel richtig, daß die Parteien zu einem geordneten Darbieten des Prozeßstoffes durch die Struktur des Verfahrens selbst in keiner Weise gehalten sind. An die Stelle gesetzlich vorgeschriebener Reihenfolge des Streitmaterials tritt die seinem freien Ermessen anvertraute Prozeßleitungsgewalt des Richters. Darin liegt zum Teil die bedeutsame Stellung, welche der richterlichen Prozeßleitung im mündlichen Prozeß zukommt.

Das Bedürfnis nun, die für die Leitung der mündlichen Verhandlung unbedingt erforderliche Ordnung und Übersichtlichkeit des Prozeßstoffes herbeizuführen, Wiederholungen und überflüssige Arbeit zu ersparen, führt zur Ausbildung von Vorschriften, welche den Richter zur Teilung des von den Parteien vorgebrachten Streitstoffes, sei es durch Spaltung des einen Prozeßes in mehrere, sei es durch Zerlegung des Streitstoffes zur Verhandlung in verschiedenen Stadien, ermächtigen.[5]

Eine weitere Bedeutung dieser Bestimmungen folgt aus dem weiten Umfange, in welchem die subjektive und objektive Kumulation von Klagen zugelassen ist; dem Richter wird die Beseitigung der Kumulation, wenn diese die Verhandlung erschwert, ermöglicht.[6]

Wenn es nun auch in erster Linie die Stellung der richterlichen Prozeßleitungsgewalt in der mündlichen Verhandlung ist,

---

[3] WACH, Handbuch S. 32, vergl. WACH, Vorträge S. 6.

[4] a. a. O. S. 88.

[5] Vergl. über die Bedeutung der Trennungsbefugnis für die CPO. WACH, Enquête S. 113 ff., LIPPMANN in JHERINGS Jahrbüch. Bd. 32 S. 254 Anm.

[6] Vergl. Motive zur CPO. S. 135, HAHN I S. 127.

auf welcher die Wichtigkeit der die Trennung gestattenden Vorschriften beruht, so wäre es doch unrichtig anzunehmen, dass eine richterliche Trennungs- und Verbindungsbefugnis den früheren Prozessen unbekannt gewesen sei.[7]

Daß dem römischen Prozeß eine Befugnis des Richters zur Trennung von Prozessen nicht unbekannt war, kann nicht Wunder nehmen, denn der römische Prozeß war, so wohl im Verfahren in *judicio* als auch im Cognitionenprozeß bis zur Einführung des Libellprozesses formlos und wie der heutige von der Mündlichkeit und Unmittelbarkeit der Verhandlung beherrscht. Dazu kommt, daß die Klagenkumulation sich im römischen Prozesse nicht als ein Akt der Parteien darstellt; die Vereinigung mehrerer Prozesse ist vielmehr Sache des mit der Prozeßleitung betrauten Beamten. „Die Vereinigung" sagt PLANCK[8], „geht in der Regel von der Willkür des Prätor und später des kognoszierenden Beamten aus, welche sich, durch die Praxis und kaiserliche Rescripte geleitet, allmählich an gewisse Regeln band." Sofern die Parteien mehrere kumulirbare Prozesse gleichzeitig anstrengten, hatte der vorsitzende Beamte im *Ordo judiciorum privatorum* zu erwägen, ob er einen Judex bestellen, später, ob er ein einziges Verfahren einleiten wollte.[9] War es sonach hauptsächlich Sache seines von den Parteianträgen unabhängigen Ermessens, ob er eine Verbindung mehrerer Prozesse zulassen wollte, so folgt, daß der Richter auch befugt war, die zugelassene Verbindung wieder aufzuheben und die Prozesse zu trennen.[10]

Im mittelalterlichen Prozeß tritt mit dem Eindringen des schriftlichen Verfahrens die richterliche Prozeßleitungsgewalt zurück. Bei der Klagenkumulation ist der Richter nicht mehr

---

[7] Vergl. auch WACH, Vorträge, S. 37. Das Nachfolgende beruht auf der Darstellung PLANCKS, der in seinem Werke über die Mehrheit der Rechtsstreitigkeiten im Prozeßrecht auch die Frage nach der richterlichen Befugnis zur Trennung und Verbindung von Prozessen wiederholt berührt. Seine Ausführungen sind indessen nicht unwidersprochen geblieben, vergl. WETZELL, System, S. 825.

[8] a. a. O. S. 65.

[9] Vergl. PLANCK a. a. O. S. 88, 107, 126.

[10] PLANCK a. a. O. S. 151.

selbständig tätig, sondern ganz von dem Antrag der Parteien abhängig. Er führt die Verbindung mehrerer Prozesse nicht mehr durch seine Tätigkeit herbei, er hat nur noch die Möglichkeit, durch Vorschläge zur Vereinigung auf die Parteien einzuwirken; jedoch gestattet man ihm eine negative Einwirkung: „er soll, wo vorauszusehen ist, daß die Vereinigung nicht zur Beschleunigung, sondern zur Verwirrung dienen würde, nach seinem Ermessen dieselbe verbieten und zu einer separaten Verhandlung die nötigen Schritte einleiten.“[11] Ob die einmal zur Vereinigung zugelassenen Prozesse späterhin wieder getrennt werden konnten, war für den gemeinen Prozeß bestritten; PLANCK läßt eine in das richterliche Ermessen gestellte Trennung der bereits vereinigten Prozesse zu;[12] ebenso meint GÖNNER in seinem Handbuche des deutschen gemeinen Prozesses,[13] es sei eine eigentliche Kumulation verschiedener Streitsachen so lange erlaubt, bis durch ihre Zahl und Weitschichtigkeit eine Verwirrung im Verfahren entstände, doch sei hierüber nichts Genaues bestimmt und dem Ermessen des Richters ein weiter Spielraum gelassen.

Die Prozeßgesetze der Einzelstaaten kennen eine Trennungsbefugnis des Richters, als Ausfluß seiner Prozeßleitungsgewalt nicht. Die allgemeine Gerichtsordnung für die Königlich Preußischen Staaten erwähnt die Trennung und Verbindung von Prozessen durch den Richter nicht; die erläuterte und verbesserte kursächsische Prozeß- und Gerichtsordnung streift die Frage der Prozeßverbindung durch den Richter bei Behandlung der Klagenkumulation, welche sie in Titel 5 § 2 in gewissem Umfange zuläßt, „wofern die zu kumulirenden Klagen nur in *eodem genere processus*“ sich befinden, und sonst „keine Konfusion zu besorgen ist, welches letztere dem *arbitrio judicis*, der allenfalls in dem ersten Urteil gleich mit erkennen lassen kann, anheimgestellet bleibet“. Der Kommentator GRIBNER[14] bemerkt zu dieser Bestimmung, daß, falls zwei in verschiedene Prozeßarten gehörige

---

[11] PLANCK a. a. O. S. 345.

[12] a. a. O. S. 409, vergl. S. 549.

[13] Bd. I. S. 521.

[14] Diskurs zur Erläuterung der Kurfürstl.-Sächsischen alten und verbesserten Prozeß-Ordnung, Andere Auflage Leipzig 1780, S. 90.

Klagen durch die Parteien mit einander verbunden wären, der Richter die Klage angebrachtermaßen abweisen könne; er setzt jedoch hinzu: „Man kann einem aber noch helfen, wenn man auf das eine erkennt, das andere aber zu einem aparten Prozeß verweiset". Es ist klar, daß diese Möglichkeit mit der dem römischen Prätor zustehenden Trennungsbefugnis nicht identisch ist, sie ist lediglich ein Mittel zur Rektifizierung einer unzulässigen Klagenkumulation.

In demselben Zusammenhange mit der Klagenkumulation wird die Trennungsbefugnis auch noch in dem Entwurfe einer bürgerlichen Prozeßordnung für das Königreich Sachsen von 1864, welcher eine mündliche Verhandlung mit schriftlichem Vorverfahren einführen wollte, behandelt. Hier heißt es in § 377 im Anschlusse an Bestimmungen über die Zulässigkeit der Verbindung mehrerer Klagen in einem Vorbringen: „Dem Gerichte aber steht in allen Fällen einer Klagenverbindung frei, bei aus derselben zu besorgender Verwirrung oder erheblicher Erschwerung des Verfahrens, jederzeit eine Trennung anzuordnen." Immerhin ist hier dem Richter die Trennung aus Zweckmäßigkeitsrücksichten auch bei an sich zulässiger Klagenkumulation gestattet.

Daß die Vorschriften über die Trennung und Verbindung von Prozessen durch den Richter nicht lediglich im Zusammenhange mit der Klagenkumulation, sondern als Ausfluß der richterlichen Prozeßleitungsgewalt behandelt werden durften, hatte schon Planck[15] erkannt. In der Gesetzgebung gelangt diese Erkenntnis erst mit Durchführung des Prinzips der Mündlichkeit zur Geltung. Erst in den auf dem Mündlichkeitsprinzip aufgebauten Prozeßgesetzen finden sich die richterliche Trennungsbefugnis regelnde Vorschriften als Ausfluß der richterlichen Gewalt zur Leitung der Verhandlung gekennzeichnet[16]. Neben solchen prozeßleitenden

---

[15] a. a. O. S. 551.

[16] Vergl. die Zusammenstellung der hierauf bezüglichen Paragraphen in den Partikular-Prozeßordnungen in den Motiven zur CPO. S. 134, Hahn I S. 216.

Außer Betracht zu lassen ist der französische Code de procédure civile, der entsprechende Bestimmungen nicht kennt. Dies ist auf die Abwesenheit der prozeßleitenden Gewalt im französischen Prozeßrecht zurückzuführen.

Anordnungen während der Verhandlung finden sich in den vom Urteilserlasse handelnden Abschnitten Bestimmungen, welche eine Ausscheidung oder Aussetzung von Prozeßstoffteilen auch noch nach Schluß der Verhandlung durch Erlaß von Teil- oder Zwischenurteilen gestatten.

Dabei werden zunächst alle Anordnungen, welche dem Richter die Verhinderung von Verwirrung und Verschleppung der Verhandlung, die Vermeidung von überflüssigen und sich widersprechenden Erörterungen ermöglichen sollen, nebeneinander und ohne genaue Differenzierung der den verschiedenen Zwecken solcher Anordnungen entsprechenden verschiedenen Wirkungen derselben behandelt. So bestimmt die hannöversche Prozeßordnung in dem im Abschnitte über die Leitung der Verhandlungen enthaltenen § 112 über die „Trennung der Verhandlungen“:

„Läßt die gleichzeitige mündliche Verhandlung verschiedener Streitpunkte (mehrerer Klagen, Klage und nicht konnexe Widerklage, Klage und Einreden, mehrere Einreden, Repliken u. s. w., sowie mehrere Beschwerden in der Rechtsmittelinstanz) oder die gleichzeitige Aufnahme verschiedener Beweise eine zu große Weitläufigkeit und Verwirrung des Verfahrens befürchten, so kann auf Antrag einer der Parteien oder auch von Amts wegen die Trennung der Verhandlung und bezw. daneben Aussetzung des Verfahrens rücksichtlich einzelner Punkte verordnet werden.“

Hier wird also dem Richter, mag es sich um die Absonderung von mehreren Ansprüchen, von mehreren Angriffs- oder Verteidigungsmitteln, von Klage und Widerklage, von Klage und Kompensations- oder sonstigen Einreden handeln, als Mittel zur Trennung nur eine „Trennung der Verhandlung“ bezw. „Aussetzung des Verfahrens“ eingeräumt.

Dem § 112 korrespondiert in dem Abschnitte über das Urteil der § 346, welcher besagt:

„Ist ein und derselbe streitige Anspruch nur teilweise zur Entscheidung reif, sei es in quantitativer Beziehung auf einzelne Teile desselben oder der Nebenforderungen, sei es hinsichtlich der zur Begründung oder Entkräftung dieses Anspruchs oder dessen Nebenforderungen benutzten verschiedenen Angriffs- oder Verteidigungsmittel, so kann das Gericht, ohne daß hiergegen

Rechtsmittel zulässig wären, nach Umständen entweder den spruchreifen Punkt sofort entscheiden, oder die Entscheidung desselben bis dahin, daß sämtliche Punkte zu dieser Reife gelangt sind, aussetzen. Im ersteren Falle beginnt die Berufungsfrist erst mit der Behändigung desjenigen Urteils, welches rücksichtlich des ausgesetzten Teiles endlich, oder durch Auferlegung eines notwendigen Eides bedingt endlich entscheidet; das Gericht ist jedoch befugt, die frühere Entscheidung ganz oder teilweise vorläufig vollstreckbar zu erklären.

Die vorstehenden Bestimmungen finden auch dann, wenn es sich um verschiedene voneinander unabhängige Ansprüche handelt, analoge Anwendung."

Auch hierbei wird — ob nur ein Teil eines Anspruchs, einer von mehreren Ansprüchen oder einer von mehreren Angriffs- oder Verteidigungsmitteln in Frage kommt — unterschiedslos der Erlaß desselben „Zwischenurteils" gestattet, welches nur durch besondere Anordnung des Richters selbständig vollstreckbar wird.

Die Vorentwürfe zur CPO. unternehmen es, für die in der hannöverschen Prozeßordnung gleichmäßig nebeneinander aufgeführten verschiedenartigen Mittel zur Ausscheidung und Absonderung von Prozeßmaterial: die Anordnung getrennter Prozesse, die Herbeiführung verschiedener Stadien desselben Prozesses, die Aussetzung des ganzen Prozesses, spezialisierte Vorschriften auszubilden. Der Unterscheidung mehrerer Trennungsanordnungen während der Verhandlung entspricht eine Verschiedenheit zwischen dem selbständig vollstreckbaren und anfechtbaren Teilurteil einerseits und dem Zwischenurteil andererseits.

Schon der hannöversche Entwurf unterscheidet sich in seinem die Trennung im Laufe der Verhandlung regelnden § 143 in einigen Punkten von seinem Vorbilde; er läßt bezüglich mehrerer in einem Rechtsstreite erhobener Ansprüche die Anordnung „getrennter Verhandlung", bezüglich mehrerer sich auf denselben Anspruch beziehenden „Streitpunkte" die Verfügung zu, „daß die Verhandlung zunächst auf einen oder einige dieser Punkte sich zu beschränken habe". Von diesen Trennungsanordnungen — ebenso wie in allen folgenden Entwürfen und der CPO. selbst — wird die Zulässigkeit der Aussetzung eines

Rechtsstreites gesondert behandelt (§§ 145, 146). Eine weitere Differenzierung gegenüber der hannöverschen Prozeßordnung findet sich in den §§ 249, 250, welche hinsichtlich mehrerer Ansprüche oder eines quantitativen Teiles eines Anspruches den Erlaß eines „Teilurteils" gestatten, wobei das Gericht auf Antrag oder amtswegen verfügen kann, daß bis zur eingetretenen Rechtskraft des Teilurteiles das weitere Verfahren auszusetzen sei (§ 249). Der § 250 bezieht sich auf den Fall, daß einer von mehreren „auf denselben Anspruch sich beziehenden selbständigen Streitpunkte", dessen Erledigung nicht notwendig vor der Entscheidung der Hauptsache erfolgen muß, zur Entscheidung reif erscheint. Dann kann das Gericht über den einzelnen Streitpunkt ein Urteil fällen, welches ebenfalls nach einer nur unter bestimmter Voraussetzung zulässigen Anordnung des Gerichts selbständig angefochten werden darf.

Daß der hannöversche Entwurf nicht wie § 112 der hannöverschen Prozeßordnung der Absonderung der Verhandlung über die Widerklage Raum gibt, ist daraus zu erklären, daß der hannöversche Entwurf die Zulässigkeit der Widerklage bereits im Sinne des § 33 der geltenden CPO. beschränkt, während die hannöversche Prozeßordnung für die Widerklage keinerlei Konnexität erfordert und dafür eben die Trennungsmöglichkeit bei inkonnexer Widerklage als Korrektiv enthält[17].

Dem hannöverschen Entwurf gleichlautende Bestimmungen über die Trennungsanordnungen und über den Erlaß von Teilentscheidungen enthielt der preußische Entwurf[18].

Einen wesentlichen Unterschied weist dagegen der norddeutsche Entwurf in den §§ 316, 317 auf, indem er zuerst

---

[17] § 14 der Hann. PO. und § 23 des Hann. Entw.; vergl. Leonhardt: Die bürgerliche Prozeßordnung und deren Nebengesetze, S. 29. Leonhardt bemerkt zu der Zulassung der nicht konnexen Widerklage: „Mündliche Verhandlung setzt allerdings als wünschenswert voraus, daß ihr Gegenstand nicht verwickelt und die verschiedensten Dinge umfassend sei, allein diesem Zwecke dient schon die allgemeine Vorschrift des § 112 und macht somit stärkere Eingriffe unnötig".

[18] Vergl. W. Winter, Erläuterungen zu dem Entw. einer Allgem. CPO. für die deutschen Bundesstaaten etc. S. 62, 103.

von der Anordnung „getrennter Prozesse“ bezüglich mehrerer in einer Klage erhobener Ansprüche spricht und im Anschluß hieran in Abs. 2 des § 316 die Kompensationseinrede aus den übrigen Verteidigungsmitteln heraushebt: „Dasselbe gilt, wenn der Beklagte die Einrede der Kompensation auf Grund einer Gegenforderung vorgebracht hat, welche mit der in der Klage geltend gemachten Forderung nicht im rechtlichen Zusammenhange steht.“ Hiervon geschieden läßt der norddeutsche Entwurf in dem von § 146 der geltenden CPO. sich nur durch den Satzbau unterscheidenden § 317 die „Beschränkung“ der Verhandlung auf eines von mehreren selbständigen Angriffs- oder Verteidigungsmitteln zu. Auch die Bestimmungen über die Trennung bei der Entscheidung zeigen Abweichungen von den vorhergehenden Entwürfen. § 420 des norddeutschen Entwurfes macht den Erlaß eines „Teilurteils“ über einen Teil eines Anspruchs, sowie den Erlaß eines „Zwischenurteils“ über einzelne selbständige Angriffs oder Verteidigungsmittel obligatorisch. Nur vom Erlaß eines Teilurteils über einen Teil eines Anspruchs und eines Zwischenurteils kann abgesehen werden, wenn das Gericht Bedenken hat. Abs. 3 des § 420 läßt in gleicher Weise wie über einen Teil eines Anspruchs auch bei Erhebung einer konnexen Widerklage ein Teilurteil über die entscheidungsreife Klage oder Widerklage zu[19]. Korrespondierend mit der in § 316 Abs. 2 statuierten Möglichkeit, für die Einrede der Kompensation einen „getrennten Prozeß“ anzuordnen, bestimmt § 421, daß beim Vorbringen einer Kompensationseinrede *ex dispari causa*, wenn nur die Klage zur Entscheidung reif ist, diese Entscheidung erlassen und angeordnet werden kann, „daß die Verhandlung über die Einrede in einem getrennten Prozesse erfolge“.

Der erste Entwurf einer deutschen Zivilprozeßordnung, der sogenannte „Justizministerialentwurf“, weist hinsichtlich der

[19] Daß es hier gerade die konnexe Widerklage ist, welche der Nordd. Entw. hervorhebt, hängt wohl damit zusammen, daß nur sie zeitlich unbeschränkt zulässig ist, (§ 206) während eine inkonnexe Widerklage nach § 208 nur dann im Gerichtsstande der Klage erhoben werden darf, wenn sie dem Kläger vor dem Termine zugestellt wird, welcher zur mündlichen Verhandlung auf die Klage bestimmt ist.

Trennungsbefugnis während der Verhandlung insofern eine Abweichung von dem norddeutschen Entwurfe auf, als er in Abs. 2 des § 129 (dessen erster Absatz mit § 316 Abs. 1 des nordd. Entw. gleichlautend ist) bestimmt:

> „Dasselbe gilt, wenn der Beklagte eine Gegenforderung vorgebracht hat, welche mit der in der Klage geltend gemachten Forderung nicht in rechtlichem Zusammenhange steht", —

eine Fassung, welche die Geltendmachung der Gegenforderung durch Widerklage und Kompensationseinrede gleichmäßig betrifft.

Der die Trennung der Entscheidung behandelnde § 247 des Justizministerialentwurfs läßt Teilurteile ebenso wie über einen von mehreren Ansprüchen und über einen Teil eines Anspruchs auch bei konnexer oder nicht konnexer Widerklage über die Klage und über die Widerklage zu, während der Erlaß eines Teilurteils über die Klage bei nicht konnexer Kompensationseinrede in § 248 konform mit § 274 a. F. der CPO. besonders geregelt ist.

Die erwähnten Vorschriften des justizministeriellen Entwurfs, welcher übrigens die Zulässigkeit der Widerklage ebenso wie die geltende CPO. regelt, enthalten sonach, wie auch die Entwürfe II und III über die richterliche Trennungsbefugnis bereits dieselben Bestimmungen wie die CPO. in der Fassung vom 30. Januar 1877.[20]

§ 2.

II. Begrenzung der Aufgabe.

Die CPO. in der Fassung vom 30. Januar 1877 regelt die Befugnis des Richters, während der Verhandlung durch eine prozeßleitende Verfügung eine Trennung des Prozeßstoffes vorzunehmen, durch die §§ 136, 137 in dem über die mündliche Verhandlung handelnden ersten Titel des III. Abschnittes. Die nur teilweise dem Zwecke der Prozeßleitung,[1] vorwiegend jedoch der Absicht, widersprechende Entscheidungen zu vermeiden,

[20] Eine Aufzählung sämtlicher in Frage kommender Paragraphen der Vorentwürfe zur CPO. giebt Seuffert, Kommentar 8. Aufl. S. 220.

[1] Vergl. Motive S. 136, Hahn I S. 217.

dienenden Bestimmungen über die Aussetzung des Verfahrens sind in den §§ 139, 140 F. 62 a. F. (vergl. die neuen §§ 151—155) enthalten. Den Vorschriften über die Trennung im Laufe der Verhandlung entsprechen die Bestimmungen in §§ 273—275 a. F., wo die Befugnis des Richters zum Erlaß von Teilentscheidungen geregelt ist.

Der § 136 betrifft in seinen zwei Absätzen drei Fälle: Nach Abs. 1 kann das Gericht anordnen, daß mehrere in einer Klage erhobenen Ansprüche in getrennten Prozessen verhandelt werden; nach Abs. 2 soll „dasselbe gelten", wenn der Beklagte eine Gegenforderung vorgebracht hat, welche mit der in der Klage geltend gemachten Forderung nicht in rechtlichem Zusammenhange steht. Abs. 2 soll sonach Anwendung finden, gleichviel ob die Gegenforderung durch Widerklage oder Einrede geltend gemacht wird.[2] Der Befugnis, bei mehreren in einer Klage erhobenen Ansprüchen und bei Geltendmachung einer Gegenforderung durch Widerklage, getrennte Prozesse anordnen zu können, korrespondiert der in § 273 a. F. gestattete Erlaß einer „Endentscheidung" durch „Endurteil (Teilurteil)" über einen von mehreren Ansprüchen und über Klage oder Widerklage. Davon gesondert behandelt § 274 a. F. den hinsichtlich der Trennung im Laufe der Verhandlung durch § 136 Abs. 2 a. F. mitbetroffenen Fall, daß eine nicht konnexe Gegenforderung vom Beklagten im Wege der Einrede geltend gemacht wurde. Hier soll „wenn nur die Verhandlung über die Forderung zur Endentscheidung reif ist, diese unter Trennung der Verhandlung durch Teilurteil" erfolgen können.

Die „Teilurteile" der §§ 273, 274 a. F. sind — die Unterschiede zwischen ihnen vorläufig dahingestellt — jedenfalls in Bezug auf Vollstreckbarkeit und Anfechtbarkeit Endurteile, und die Trennungsanordnungen des § 136 a. F. bedeuten Spaltungen des Prozeßstoffes, die ein Endurteil in diesem Sinne zum Abschluß haben. Das unterscheidet die Trennungsanordnungen des § 136 a. F. grundsätzlich von der Trennungsbefugnis des § 137 a. F., bei

---

[2] Vergl. Motive S. 135, HAHN I S. 216; darüber, daß von Einreden nur die Kompensationseinrede gemeint ist, siehe unten § 12 Anm. 3.

mehreren auf denselben Anspruch sich beziehenden „selbständigen Angriffs- oder Verteidigungsmitteln" (Klagegründen, Einreden, Repliken etc.) die Verhandlung zunächst auf einen oder einige dieser Angriffs- oder Verteidigungsmittel „zu beschränken". Nicht nur, daß hier unter allen Umständen die Einheit des Rechtsstreites gewahrt bleibt:[3] der Abschluß einer solchen „Beschränkung der Verhandlung" ist nicht ein selbständig vollstreckbares und anfechtbares Endurteil, sondern kann höchstens ein Zwischenurteil im Sinne des der Trennungsanordnung nach § 137 a. F. entsprechenden § 275 a. F. sein. Die Anordnung des § 137 a. F. bedeutet, ebenso wie der Erlaß eines Zwischenurteils nach § 275 a. F. nur eine interne Prozeßmaßnahme, welche die Endentscheidung nicht unmittelbar beeinflußt; sie ist gegenüber den Trennungsverfügungen des § 136 ein *minus* und kann mit diesen zum Teil[4] konkurrieren.

Die CPO. in ihrer alten Fassung kannte sonach in den Bestimmungen über die Trennung während der Verhandlung nur zwei Ausdrücke: die Anordnung getrennter Prozesse und die Beschränkung der Verhandlung. Von dem ersteren Ausdrucke jedoch differierte der denselben Fall der Geltendmachung einer Gegenforderung durch Kompensationseinrede regelnde § 274, indem er vom Erlaß eines „Teilurteils" unter „Trennung der Verhandlungen" sprach. Auf diese Differenz bezieht sich — wie weiter unten zu erörtern sein wird — im wesentlichen die Abänderung, welche § 136 a. F. durch die Novelle zur CPO. vom 17. Mai 1898 erfahren hat. Der neue § 145 enthält (neben der im § 146 unverändert beibehaltenen „Beschränkung der Verhandlung" auf eines oder

---

[3] Vergl. Schepers in Gruchot, Bd. 24 S. 875 und die Kommentare, z. B. Gaupp-Stein Bd. I S. 359, Petersen Bd. I S. 346, Wilm-Levy Bd. I S. 243, s. unten § 19.

[4] Daß bezgl. der Kompensationseinrede auch § 146 (137 a. F.) angewendet werden kann, ist unbestritten, streitig dagegen, ob bei mehreren Ansprüchen eine Beschränkung der Verhandlung angeordnet werden darf. Die Widerklage fällt nach überwiegender Meinung nicht unter die selbständigen Angriffs- und Verteidigungsmittel. Vergl. Löning in Busch 4, S. 162 Anm. 211, Gaupp-Stein I, S. 359 und die daselbst Anm. 15 angeführte Litteratur, Petersen, Komm. I, S. 345.

einige von mehreren selbständigen Angriffs- oder Verteidigungsmitteln) zwei Bezeichnungen für die in den drei Absätzen für drei verschiedene Fälle vorgesehenen Trennungsanordnungen: gleichlautend mit der alten Fassung kann nach Abs. 1 und 2 über einen von mehreren in einer Klage erhobenen Ansprüchen sowie über Klage und Widerklage die Verhandlung in getrennten Prozessen angeordnet werden, während der von der Geltendmachung einer nicht konnexen Gegenforderung durch Aufrechnung handelnde Abs. 3 unter Verweisung auf den neugestalteten § 302 (274 a. F.) die Zulässigkeit einer Anordnung vorsieht, „daß über die Klage und über die Aufrechnung getrennt verhandelt werde".

Aufgabe dieser Arbeit soll sein der Versuch, die in § 145 zusammengefaßten richterlichen Befugnisse zur Trennung während der Verhandlung nach ihren prozessualen Voraussetzungen und Wirkungen zu erörtern; wobei als das diesen Anordnungen gegenüber der Trennungsbefugnis nach § 146 gemeinsam Wesentliche der Umstand angesehen wird, daß sich bei ihrer konsequenten Durchführung als Resultat der Ausscheidung eines Prozeßstoffteiles ein selbständig anfechtbares und vollstreckbares Endurteil ergiebt.

Die Beziehungen zwischen den Trennungsanordnungen im Laufe der Verhandlung und der Trennung durch Teilentscheidungen sind im einzelnen von Bedeutung, insbesondere das Verhältnis von § 136 Abs. 2 und § 274 a. F. (§ 145 Abs. 3 und § 302). Im allgemeinen ist zu sagen, daß die Trennung der Entscheidung durch Urteil, da sie die beschlossene Trennung der Verhandlung konsequent abschließt, unzweifelhaft dieselben Zwecke verfolgt wie die letztere. Sie ist wohl regelmäßig deren Folge, während umgekehrt die Trennung im Laufe der Verhandlung zur Vorbereitung einer Trennung der Entscheidung dient. Doch ist der Zusammenhang zwischen der Trennung der Verhandlung und der Trennung der Entscheidung im allgemeinen kein notwendiger in dem Sinne, daß die letztere die erstere voraussetzte, und diese in jedem Falle die notwendige Folge von jener wäre.[5] Sind doch

[5] Vergl. SCHEPERS bei GRUCHOT Bd. 24 S. 752 ff.; bezgl. der Beziehungen zwischen § 145 Abs. 3 und § 302 siehe unten § 12.

auch die Voraussetzungen der Trennung der Entscheidung von denen der Trennung der Verhandlung verschieden bestimmt.[6]

Von den Trennungsanordnungen des § 145 bewirken die in Abs. 1 und 2 zugelassenen die Herbeiführung „getrennter Prozesse“, die in Abs. 3 behandelte die Anordnung „getrennter Verhandlung“ unter Wahrung der bisherigen Prozeßeinheit. Man könnte die beiden Trennungsarten als absolute und relative Trennung bezeichnen, um ihre Verschiedenheit nach der prozessualtechnischen Seite hin zu charakterisieren. Aber die Anordnung des Abs. 3 ist noch in anderer Hinsicht von der Herbeiführung getrennter Prozesse nach Abs. 1 und 2 grundverschieden. Während diese lediglich prozessualen Zweckmäßigkeitsgründen ihre Entstehung verdankt, liegt für jene die *ratio legis* tiefer in der materiell rechtlichen Natur der Kompensation. Die in § 145 Abs. 3 und § 302 geregelte prozessuale Behandlung der Kompensationseinrede stellt sich zwar nach ihrer Form ebenfalls als ein Akt der Prozeßleitung dar, jedoch ist ihre Bedeutung in dem über die Absicht, dem Richter und den Parteien die Durchführung des Prozesses zu erleichtern, hinausgehenden Zwecke zu suchen, den Kläger in der Verwirklichung seines Rechtsschutzanspruches zu fördern. Daher bedarf die Anordnung des § 145 Abs. 3 auch in Bezug auf ihren Zweck und ihre Geschichte einer besonderen Betrachtung.

Erster Abschnitt.

Die Trennungsanordnungen des § 145 im allgemeinen.

§ 3.

I. Sie unterstehen dem richterlichen Ermessen.

Das Gesetz braucht in §§ 145, 150 die Ausdrücke „anordnen“, „Anordnungen“. Wiewohl dem Worte „anordnen“ in der CPO. eine streng technische Bedeutung nicht zukommt,[1] steht

---

[6] Vergl. § 301 und § 145 Abs. 2; § 301 sieht von der Voraussetzung des mangelnden rechtlichen Zusammenhanges der Widerklage mit dem Klaganspruch ab.

[1] Vergl. Wach, Vorträge, S. 103.

es doch außer Zweifel, daß hier prozeßleitende Verfügungen gemeint sind. Die in den in Frage kommenden Paragraphen verwendete Fassung („kann“ anordnen), besagt, daß die zu treffenden Anordnungen lediglich dem richterlichen Ermessen unterstehen, daß sie einen Teil der richterlichen Prozeßleitungsgewalt bilden[2]. Auch kann nicht zweifelhaft sein, daß es sich um einen prozeßleitenden Akt des Gerichtes, nicht des Vorsitzenden handelt. Diesem sind lediglich solche Verfügungen überlassen, welche die Prozeßleitung rein äußerlich betreffen. Die Trennungsanordnungen jedoch greifen in das Verfahren selbst ein und haben maßgebenden Einfluß auf die Endentscheidung[3].

Das richterliche Ermessen bedeutet hier in erster Linie nicht die Freiheit der richterlichen Beurteilung (vergl. §§ 286, 287 CPO.), sondern Freiheit richterlichen Handelns[4], es ist aber nicht gleich vollständiger Willkür; der Richter ist in seiner Trennungsbefugnis beschränkt durch die vom Gesetz gezogenen Schranken, welche in den Voraussetzungen der Anwendbarkeit der Trennungsbefugnis selbst, sowie auch in positiver Gesetzbestimmung errichtet sind. Als solche ist hier Art. 51 Abs. 2 des internationalen Übereinkommens über den Eisenbahnfrachtverkehr vom 14. Oktober 1890 zu nennen, wo dem Richter vorgeschrieben wird, er habe über mehrere Rückgriffsklagen in einem und demselben Verfahren zu entscheiden[5]. Leitend für das richterliche Ermessen ist die Zweckmäßigkeit der Trennung, über welche in jedem einzelnen Falle vom Richter zu entscheiden ist. Auch soweit der Zweck der Trennungsbefugnis darin liegt, dem Gericht die Prozeßleitung zu erleichtern, Arbeit und Mühe zu ersparen, sind die Befugnisse des § 145 doch keineswegs lediglich zum Vorteil des Richters gegeben. Der Richter hat ihre Anwendung der bezüglichen Vorschriften in jedem geeigneten Falle in Erwägung zu ziehen und ist pflichtgemäß gehalten sie anzuwenden, falls er dies für zweckmäßig findet. So-

[2] S. Wach, Handbuch S. 314.

[3] Vergl. Wach, Vorträge S. 104.

[4] Vergl. Weissmann, Hauptintervention, S. 174 Anm. 3, Seuffert, Über richterliches Ermessen S. 4 ff.. Stein, Urkundenprozeß S. 167.

[5] Reichsgesetzblatt 1892, S. 829, vergl. dazu Gaupp-Stein Bd. I Bem. III zu § 62; über den Fall der notwendigen Streitgenossenschaft, s. unten § 8.

weit der Richter zu etwas befugt ist, ist er dazu auch verpflichtet. Er würde pflichtwidrig handeln, wenn er, wiewohl er die Zweckmäßigkeit einer Trennungsanordnung sähe, dennoch davon Abstand nähme[6].

Der Richter ist nicht nur bei Erlaß der in Frage stehenden Anordnungen lediglich seinem pflichtmäßigen Ermessen unterworfen, er kann auch, gemäß § 150, eine bereits erlassene Anordnung über die Trennung wieder aufheben. § 150 besagt jedoch auch andererseits, daß das Gericht an seine Anordnungen so lange gebunden ist, als es nicht die Wiederaufhebung förmlich angeordnet hat.

Die Trennungsverfügungen sind von Amts wegen zu erlassen; ein darauf zielender Antrag der Parteien hat lediglich die Bedeutung einer Anregung. Hieraus ergibt sich, daß ein Recht der Parteien auf Trennung oder gegen dieselbe nicht besteht[7].

§ 4.

2. Form der Trennungsanordnungen; ihre Anfechtbarkeit.

Die Anordnungen der §§ 145, 150 sind nach der herrschenden Meinung durch Beschluß zu erlassen. Abweichender Ansicht sind nur Schollmeyer[1] und mit Bezugnahme auf ihn Struckmann und Koch[2]. Schollmeyer hält die Anordnung der Trennung und Verbindung auch durch Zwischenurteil für zulässig. Er führt aus, die Parteien hätten, wenn auch kein Recht auf Trennung, so doch ein Recht auf Nichttrennung, falls die Voraussetzungen des Trennungsrechts nicht vorliegen. Es bilde demnach die Frage, ob zu Recht getrennt werde, den Inhalt eines Zwischenstreites unter den Parteien, der durch Zwischenurteil entschieden werden könne. Von der Entscheidung des Streites, ob Trennung zu verfügen sei oder nicht, sei die Anordnung der Trennung selbst zu unterscheiden. Letztere könne allerdings nur durch Beschluß erfolgen, da es sich um eine prozeßleitende Ver-

[6] Vergl. Bülow. Dispositives Civilprozeßrecht und die verbindliche Kraft der Rechtsordnung; im Civ. Arch. B. 64 S. 16.

[7] Vergl. RG., U. vom 4. Feb. 1898, J. W. 1898 S. 153, 154.

[1] Compensationseinrede S. 134. —

[2] Kommentar I S. 186, Vorbem. zu §§ 145, 146 unter 3.

fügung handele, während im Zwischenurteil lediglich darüber erkannt werde, ob die Trennung zulässig sei oder nicht. Gegen diese Ansicht spricht von vornherein der Umstand, daß sie den einheitlichen Akt der prozeßleitenden Anordnung in zwei richterliche Handlungen spaltet. Es steht ihr weiter § 150 entgegen, der die Wiederaufhebungsmöglichkeit der Trennungsanordnung voraussetzt[3]; ein Zwischenurteil könnte in derselben Instanz nicht wieder beseitigt werden (§ 318). Vor allem aber ist die Voraussetzung, von der SCHOLLMEYER ausgeht, unrichtig. Über die Frage, ob Trennung oder Verbindung anzuordnen sei, kann kein Zwischenstreit zwischen den Parteien bestehen. Ein Zwischenstreit ist (von den Fällen, wo es sich um ein Hinzutreten Dritter handelt, abgesehen) nur Parteistreit über prozessuale Rechte und Pflichten.[4] Ein Recht der Parteien auf oder gegen Trennung ist aber nicht anzuerkennen. Wenn SCHOLLMEYER sich darauf stützt, die Parteien hätten ein Recht auf Nichttrennung, falls die Voraussetzungen des Trennungsrechts nicht vorliegen, so gibt er damit nur der selbstverständlichen Wahrheit Ausdruck, daß die Parteien gesetzwidrige Handlungen nicht zu dulden brauchen. Dieser allgemeine Grundsatz kann aber nicht den Inhalt eines prozessualischen Rechts bilden.

Wie das Reichsgericht in ständiger Rechtssprechung ausgeführt hat, können die eine Trennung anordnenden Beschlüsse erst nach vorausgegangener mündlicher Verhandlung erfolgen; denn der Richter kann nur dann über die Zweckmäßigkeit einer Trennung urteilen, wenn durch die mündliche Verhandlung das Sach- und Streitverhältnis klargelegt worden ist.[5] Anderer Ansicht ist nur PFIZER[6], der meint, es tue der Mündlichkeit der Verhandlung keinen Abbruch, wenn das Gericht vor Beginn der Verhandlung eine Trennung nach § 136 a. F. beschließe. Er fügt hinzu, daß, falls folgerichtig auch für einen

---

[3] Vergl. SCHEPERS in GRUCHOT, Bd. 24, S. 868.

[4] Vergl. WACH, Vorträge S. 118.

[5] RG.-Urteil v. 14. Okt. 1897, J. W. 1897 S. 563. Vergl. OLG. Jena, Beschluss v. 11. Juni 1883, SEUFFERTS Arch. Bd. 39, S. 342.

[6] In GRUCHOT Bd. 32, S. 370.

Beschluß auf Verbindung mehrerer Prozesse eine vorgängige mündliche Verhandlung über jede einzelne Sache verlangt werde, der Wert des Verbindungsbeschlusses in der Hauptsache aufgehoben sei.[7] Dem ist nicht zuzustimmen; es würde eine Verletzung des Prinzips der Mündlichkeit bedeuten, wenn Beschlüsse, die für die Gestaltung der Endentscheidung von großer Bedeutung sind, außerhalb der mündlichen Verhandlung lediglich auf Grund der Akten gefaßt würden.

Daß die mündliche Verhandlung die Trennung selbst zum Gegenstand hat, ist nicht erforderlich, es genügt als vorgängige mündliche Verhandlung die Stellung und Begründung der Sachanträge.[8] Aus diesem Umstande ist jedoch nicht zu folgern, daß ein Trennungsbeschluß nicht verkündet zu werden brauche, wie dies Fitting[9] für den Verbindungsbeschluß behauptet. § 329 Abs. 1 schreibt die Verkündung aller „auf Grund“ einer mündlichen Verhandlung ergehenden Beschlüsse vor. Die Fassung dieses Paragraphen besagt nicht, daß die mündliche Verhandlung die betreffende Verfügung zum Gegenstand gehabt haben müsse, es genügt, wenn sie ohne mündliche Verhandlung nicht ergehen durfte. Daß der Trennungsbeschluß in der mündlichen Verhandlung ergeht, ist nicht erforderlich, er kann auch außerhalb der mündlichen Verhandlung erfolgen, z. B. gleichzeitig mit einem Beweisbeschlusse, oder nachdem die Verhandlung bereits geschlossen war, gleichzeitig mit einem Beschlusse auf Wiedereröffnung der mündlichen Verhandlung. Unzulässig würde es sein, wenn die mündliche Verhandlung lediglich zu dem Zwecke der Trennung angeordnet würde.[10]

Aus dem Umstande, daß die Trennungsbeschlüsse nur nach vorgängiger mündlicher Verhandlung erlassen werden dürfen, folgt nach § 567, daß ihre selbständige Anfechtung durch Be-

---

[7] Gegen Wex in Gruchot Bd. 31 S. 251; für die Notwendigkeit mündlicher Verhandlung vor Erlaß eines Verbindungsbeschlusses: RG.-Urteil v. 7. Juni 1898, Entsch. Bd. 24 S. 367.

[8] Vergl. Wex a. a. O.

[9] In Busch Bd. 10 S. 3.

[10] Schollmeyer, Compensationseinrede S. 160.

schwerde ausgeschlossen ist.[11] In Übereinstimmung hiermit meinen die Motive, daß die Anfechtbarkeit durch Beschwerde gemäß § 252 CPO. auf diejenigen Verfügungen, welche die Aussetzung des Verfahrens zum Gegenstande haben, beschränkt sei.[12]

Es kann sonach die Anfechtung eines Trennungsbeschlusses nur gleichzeitig mit der Anfechtung des Endurteils in Frage kommen. Eine solche Anfechtung ist nach § 512 für zulässig zu erachten; die dem Endurteil vorausgegangene Trennungsanordnung ist für den Umfang und den Inhalt des Endurteils ohne Zweifel kausal. Dies tritt besonders deutlich bei der Anordnung nach § 145 Abs. 3 zu Tage, denn hier ist die Abtrennung der Verhandlung über die Aufrechnungseinrede für das Endurteil über die „entscheidungsreife" Klagforderung unmittelbare Voraussetzung. Jedoch kann die Anfechtung einer Trennungsanordnung nur mit deren Unzulässigkeit, nicht auch mit deren Unzweckmäßigkeit begründet werden; die Zweckmäßigkeit unterliegt der Prüfung der oberen Instanz nicht.[13] Da die Trennungsanordnungen Amts wegen erlassen werden, so ist, trotz der entgegenstehenden

---

[11] Die selbständige Anfechtung einer Abtrennung der Widerklage scheint Seuffert, Kommentar 8. Aufl. Bem. 3 c zu § 145 S. 222 unter Berufung auf RG. vom 23. Febr. 1888, bei Gruchot Bd. 32 S. 1171 ff. zulassen zu wollen. Das von Seuffert in Bezug genommene Urteil gestattet jedoch nicht die selbständige Anfechtung eines Trennungs**beschlusses**. In dem hier vorliegenden Falle war die Verweisung der Widerklage in einen besonderen Prozeß unzulässigerweise erst mit dem Urteile des Berufungsgerichts ausgesprochen worden. Diese Verweisung hätte die Notwendigkeit einer erneuten Klagerhebung wegen der Widerklageforderung zur Folge gehabt und wäre einer daher ungerechtfertigten Abweisung der Widerklage gleichgekommen.

[12] S. 136, Hahn Bd. I S. 217; RG. und OLG. Jena in den oben Anm. 5 genannten Entscheidungen. Vergl. auch RG. vom 28. Juni 1884 in Gruchot Bd. 29, S. 1067.

[13] Vergl. RG.-Urteil vom 12. Nov. 1898, Entsch.; 24 S. 423 vom 14. Febr. 1898; JW. 1898, S. 153, 154. Vergl. Urteil vom 22. Okt. 1888; JW. 1888 S. 423 und LG. Hall, Urteil vom 1. Nov. 1884, mitgeteilt von Fortenbach in Busch Bd. 8 S. 107. A. M. nur Weissmann, Hauptintervention S. 175 Anm. 5: „Die Anfechtung einer prozeßleitenden Verfügung kann sich darauf gründen, daß sie unzulässig, oder darauf, daß sie unzweckmäßig sei."

Meinung von Löning,[14] wie für den Erlaß, so auch für die Anfechtung für gleichgültig zu erachten, ob eine Partei einen darauf gerichteten Antrag gestellt hat oder nicht.

Falls die höhere Instanz die dem angefochtenen Endurteile vorausgegangene Trennungsanordnung für gesetzlich unzulässig befindet, liegt ein wesentlicher Mangel des Verfahrens in Sinne des § 539 vor, auf Grund dessen das Berufungsgericht die Zurückweisung der Sache an die erste Instanz verfügen kann. Es entsteht die Frage, ob eine unzulässige Trennung einen Mangel des Verfahrens darstellt, welcher nach § 295 zu den „verzichtbaren" zu rechnen ist.[15] Die Frage dürfte mit Schollmeyer[16] zu bejahen sein, denn wenn auch die Vorschriften über die Trennung in der Struktur des mündlichen Verfahrens ihren inneren Grund haben, so bedeutet doch ihre unrichtige Anwendung im konkreten Falle nicht eine Verletzung des Prinzips der Mündlichkeit.

Die hinsichtlich Fassung, Verkündung und Anfechtbarkeit der Trennungsbeschlüsse aufgestellten Grundsätze gelten auch für die Wiederaufhebung eines Trennungsbeschlusses nach § 150 CPO. Auch die Wiederaufhebung unterliegt dem richterlichen Ermessen, sie kann jedoch, sofern sie auf § 150 fußt und sich nicht etwa als die Aufhebung eines zu Unrecht erlassenen Trennungsbeschlusses durch die höhere Instanz darstellt, selbstverständlich nur durch dasselbe Gericht erfolgen, welches den Trennungsbeschluß gefaßt hat. Dem Richter, der den Trennungsbeschluß erlassen hat, ist nach verkündetem Endurteil die Möglichkeit der Wiederaufhebung entzogen.[17] Die Berufungsinstanz kann eine Beseitigung einer in erster Instanz erfolgten Trennung oder Verbindung nicht durch einen Wiederaufhebungsbeschluß nach § 150 erzielen; und zwar deshalb, weil, falls ein abgetrennter Teil des Prozesses noch in erster Instanz schwebt, derselbe nicht zur

---

[14] Bei Busch Bd. 4 S. 161. Löning läßt bei einer Trennung der Widerklage eine Beschwerde nicht zu, wohl aber bei Zurückweisung eines Antrags auf Trennung.

[15] Über die Anwendbarkeit des § 295 auch auf richterliche Handlungen s. Petersen, Kommentar Bd. 1 zu § 295 S. 626.

[16] Compensationseinrede S. 173 Anm. 1.

[17] Vergl. Schollmeyer, Compensationseinrede S. 67 ff.

Kognition des Berufungsgerichts gelangt ist und für dieses nicht Gegenstand der Verhandlung bildet. Wenn zwei in erster Instanz getrennte Prozesse beide in zweiter Instanz schweben, so kann die Wiedervereinigung nicht auf Grund von § 150, sondern lediglich durch Verbindungsbeschluß nach § 147 herbeigeführt werden.[18]

Zweiter Abschnitt.

Die Spaltung in getrennte Prozesse nach § 145 Abs. 1 und 2.

§ 5.

I. Deren Voraussetzungen im allgemeinen.

Die Voraussetzungen der Trennungsanordnung gemäß § 145 Abs. 1 und 2 sind zunächt die jeder prozeßleitenden Verfügung überhaupt: die Klage oder Widerklage muß [durch Zustellung bezw. durch mündlichen Vortrag (§§ 280, 500)] anhängig geworden sein. Im übrigen kann der Trennungsbeschluß in jedem Prozeßstadium ergehen, solange nur eine Verhandlung noch fortdauert; nicht, wie wir sahen, vor Beginn der mündlichen Verhandlung, und ebensowenig nach Schluß derselben.

„Das Gericht kann anordnen, daß .... in getrennten Prozessen verhandelt werde". Dieser Wortlaut sowie die Stellung der Bestimmung in dem Abschnitte über die mündliche Verhandlung schließt die Anordnung getrennter Prozesse aus, wenn der abzutrennende Anspruch oder die Widerklage bereits entscheidungsreif sind. Die Ausscheidung aus dem Prozesse darf dann nur noch durch Erlaß eines Teilurteils nach § 301 bewirkt werden; denn eine Trennung nach § 145 kann nur zum Zwecke der Verhandlung vorgenommen werden; sie setzt voraus, daß es über den zu trennenden Prozeßstoff noch einer Verhandlung im Sinne von Erörterung der tatsächlichen Grundlagen der Entscheidung bedarf; daher die Zulässigkeit der Trennung in der Berufungs- nicht aber in der Revisionsinstanz.[1]

---

[18] Vergl. Schollmeyer a. a. O.

[1] Vergl. Petersen, Kommentar Bd. 1 Bem. 2 zu § 145 S. 336, 337. Seuffert, Komm. 8. Aufl. S. 221.

Ohne Einfluß hingegen auf die Anwendbarkeit der Anordnung getrennter Prozesse ist, worauf sich die Verhandlung im getrennten Prozesse zu erstrecken haben würde, ob zur Sache oder über die Prozeßvoraussetzungen verhandelt werden müßte. Wenn für das Gericht feststeht, daß die letzteren hinsichtlich eines der mehreren Ansprüche oder der Widerklage ermangeln, so darf eine Trennung ebensowenig beschlossen werden wie wenn das Gericht von der Unschlüssigkeit des Anspruches oder der Widerklage überzeugt ist; doch darf hieraus nicht der Schluß gezogen werden, die Anordnung der Trennung sei davon abhängig, daß vorerst das Vorhandensein der Prozeßvoraussetzungen konstatiert werden müsse.[2]

Der Anordnung getrennter Prozesse bei mehreren in einer Klage erhobenen Ansprüchen im Urkunden- und Wechselprozesse steht nichts im Wege;[3] die Anwendung von § 145 Abs. 2 ist durch § 595 ausgeschlossen.

§ 6.

II. Die Wirkungen der Trennungsanordnung nach § 145 Abs. 1 und 2.

Der Erlaß eines Trennungsbeschlusses gemäß § 145 Abs. 1 und 2 bewirkt die Aufhebung der durch die Klagenkumulation entstandenen bisherigen Einheit des Rechtsstreites. Diese ist, wiewohl sie mit Recht nur als eine die innerliche Selbständigkeit der verbundenen Prozesse nicht berührende formelle Vereinigung derselben bezeichnet wird,[1] doch für die Berechnung der Revisionssumme und der Kosten sowie für das Verhältnis der Streitgenossen zu einander von größter praktischer Bedeutung. Von dem Erlaß des Trennungsbeschlusses an sind die mehreren Ansprüche bezw. Klage und Widerklage so zu behandeln, als ob bezüglieh ihrer von vornherein mehrere selbständige Prozesse anhängig gemacht

---

[2] Vergl. Schollmeyer, Compensationseinrede S. 131; in diesem Sinne sind wohl auch trotz des entgegenstehenden Ausdrucks die Ausführungen in dem Beschluß der VCS. des RG. vom 9. Febr. 1891, Entsch. Bd. 27, S. 391 zu verstehen.

[3] Vergl. Stein, Urkundenprozeß, S. 169.

[1] Vergl. unten bei Anm. 12 und unten in § 8 bei Anm. 5.

worden wären; die Widerklage verliert ihren Charakter als Widerklage und gilt vom Trennungsbeschluß an als gewöhnliche Klage; die Endurteile ergehen auf Grund von § 300, nicht von § 301.[2] Verhandlungen und Beweisaufnahmen sind vom Trennungsbeschlusse an zu sondern, für jeden Prozeß sind besondere Akten anzulegen. Mit dem Trennungsbeschlusse kann das Gericht gleichzeitig die Termine für die verschiedenen getrennten Prozesse bestimmen; unterbleibt eine solche Bestimmung seitens des Gerichts, so haben die Parteien (§ 214) für jeden Prozeß gesondert zu laden.[3]

Von Bedeutung sind diese Folgen der Trennung für die Berechnung der Gerichtskosten und Anwaltsgebühren. Die durch § 5 vorgeschriebene Zusammenrechnung mehrerer Ansprüche findet nach der Trennung nicht mehr statt. Von der Trennung an ist in jedem Prozesse der Wert des Streitgegenstandes für jeden Anspruch gesondert zu berechnen, sodaß, falls der Trennungsbeschluß vor Anordnung der Beweisaufnahme erging, für den Ansatz der Verhandlungsgebühr die Summe der Streitwerte der mehreren Ansprüche, für die Beweisaufnahme- und Entscheidungsgebühr jedoch der Wert der einzelnen Ansprüche zu Grunde zu legen ist. Am eingreifendsten ist die Trennung auf die Revisibilität; auch die Revisionssumme ist nach der Trennung für jeden Prozeß gesondert zu berechnen, sodaß den Parteien durch die Anwendung von § 145 Abs. 1 das Rechtsmittel der Revision entzogen werden kann.[4] Sofern vor der Trennung eine Streitgenossenschaft bestanden hat, wird sie durch die Trennung aufgehoben. Die mehreren Kläger oder Beklagten, welche bisher in dem Verhältnis von Streitgenossen zueinander standen, und in dieser Eigenschaft nicht als Zeugen vernommen werden konnten, können nach der Trennung in den getrennten Prozessen Zeugnis ablegen.[5]

---

[2] So sämtliche Kommentare; siehe insbesondere Gaupp-Stein Bd. I Bem. V zu § 145 S. 353, Petersen Bd. I Bem. 6 zu § 145 S. 338; vergl. Löning in Busch Bd. 4 S. 21.

[3] Vergl. Schepers in Gruchot Bd. 24 S. 873, 874. Schollmeyer, Compensationseinrede S. 160; Gaupp-Stein a. a. O.

[4] Vergl. RG.-Urteil vom 11. Febr. 1882, Entsch. Bd. 6 S. 417.

[5] RG.-Urteil vom 7. März 1892, Entsch. Bd. 29 S. 370: „Dem Streitgenossen ist die Zeugnisfähigkeit selbst dann, wenn es sich um die Fest-

Die gekennzeichnete Wirkung hat die Trennungsanordnung nach Abs. 1 und 2 nach der herrschenden Meinung. Nur Wenige sind abweichender Ansicht. So behauptet PFIZER,[6] daß bei der Trennung nach Abs. 1 und 2 die „Einheit des Prozesses" gewahrt bleibe. Ihm folgen ORGLER[7] und KATZ;[8] derselben Meinung ist FITTING[9] unter Berufung darauf, daß nach § 301 Abs. 2 auch die Verbindung keine Einheit des Rechtsstreites herstelle. PFIZER weist darauf hin, es sei von vornherein unwahrscheinlich, daß der Gesetzgeber dem Richter die Befugnis gegeben haben sollte, durch eine prozeßleitende Verfügung das Recht der Parteien auf Klagenkumulation zu vereiteln. Das Gesetz müsse daher so interpretiert werden, daß der durch die Klagenkumulation geschaffene Rechtszustand bei der Trennung erhalten bleibe. Demzufolge behauptet PFIZER, das Wort „Prozeß" sei in § 136 a. F. gleichbedeutend mit „Verfahren" gebraucht; im Abs. 1 habe der Gesetzgeber nur deshalb den Ausdruck Prozeß angewendet, weil „Verfahren" keinen Plural habe. Diese Annahme ist durchaus willkürlich und hat allgemein keine Zustimmung gefunden. Die Fassung „Verhandlung in getrennten Prozessen" kann gar nichts anderes bedeuten, als daß aus einem Prozesse mehrere werden sollen, und es bedarf kaum des Hinweises auf die Motive, die betonen, daß die Klagenkumulation durch die Trennungsanordnung aufgehoben werde.[10]

---

stellung einer streitigen Tatsache handelt, die nur das Recht des Genossen betrifft, zu versagen"; RG. in SEUFFERTS Arch. Bd. 46 Nr. 289, OLG. Celle in SEUFFERTS Arch. Bd. 48 Nr. 134. Vergl. PETERSEN, Kommentar Bd. I Vorbem. zu §§ 59 ff. S. 161.

[6] Bei GRUCHOT Bd. 32 S. 351 ff.

[7] Beitrag S. 70, 71.

[8] In BUSCH Bd. 28 S. 71.

[9] Lehrbuch 7. Aufl. S. 242 Anm. 17, 9. Aufl. S. 163 Anm. 15, S. 165 Anm. 23.

[10] S. 135, 136; HAHN Bd. I S. 217; ohne Beweiskraft ist die Bezugnahme PFIZERS auf die §§ 4 und 5 CPO., 9 und 11 des GKG. Die Bestimmung des § 4, daß für die Wertberechnung der Zeitpunkt der Erhebung der Klage entscheidend ist, schließt nur die Rückwirkung der Trennungsanordnung aus. Vergl. auch PFIZER, Anti-Seuffert oder der Geist des Rechts und der Buchstabe des Gesetzes, Leipzig 1892 S. 312. Gegen PFIZER besonders PETERSEN in BUSCH Bd. 19 S. 115.

Daß die Trennungsanordnung lediglich eine „formelle“ Bedeutung habe, behauptet auch WEX;[11] gleichwohl legt er der Trennungsanordnung wenigstens hinsichtlich der Kostenberechnung die oben dargelegte Wirkung bei. KOHLER[12] bezeichnet die vor der Trennung nach den Regeln der objektiven oder subjektiven Klagenhäufung herbeigeführte Verbindung als eine nur „äußerliche Verbindung ohne innerliche Beeinflussung“, und meint, durch die Trennung werde daher nur bewirkt, daß die „äußerliche Verbindung aufgehoben, und die Verhandlung und Instruktion der Sache nicht mehr in gemeinsamen Terminen und gemeinsamen Verfügungen stattfinde“.

KOHLER zieht jedoch, ohne sich über die besprochenen Wirkungen der Trennung auf die Kostenberechnung u. s. w. zu äußern, aus diesen Behauptungen nur den Schluß, daß durch die Trennung die einmal begründete Rechtshängigkeit von Anspruch oder Widerklage nicht aufgehoben werden könne. Aber das Gegenteil folgt nicht aus der herrschenden Ansicht, es ist selbstverständlich, daß die behauptete Wirkung der Trennung nur für die weitere Verhandlung von der Trennung ab, nicht rückwirkend von der Klagerhebung ab, eintritt. Es bedarf keiner neuen Klage, auch falls einer der mehreren Ansprüche oder die Widerklage im Laufe der Verhandlung mündlich erhoben wurde.[13] Bezüglich der Widerklage gilt die Befreiung von der Verpflichtung zur Sicherheitsleistung wegen der Prozeßkosten, gemäß § 110 Abs. 2 Ziffer 3 fort.[14] Die einmal begründete Zuständigkeit bleibt bestehen, auch wenn sie nur durch die aufgehobene Verbindung der mehreren Ansprüche geschaffen worden ist. Das bereits Verhandelte gilt fort; vor der Trennung zugestandene Tatsachen gelten auch für den abgetrennten Prozeß nach § 288 als im Laufe des Rechtsstreites zugestanden.

[11] Bei GRUCHOT Bd. 31 S. 250 ff.

[12] Der Prozeß als Rechtsverhältnis S. 106, vergl. S. 102 und in BUSCH Bd. 20 S. 52.

[13] Abweichender Ansicht ist nur FISCHER, Über die Bestimmung und Bekanntmachung der Termine und die Ladung u. s. w. bei GRUCHOT Bd. 25 S. 638, wo die Notwendigkeit neuer Klagerhebung nach einer Trennung gemäß § 136 a. F. behauptet wird.

[14] Vergl. GAUPP-STEIN Bd. I S. 353.

Es ist Pfizer zuzugeben, daß mit der Aufhebung der bisherigen Prozeßeinheit durch eine Trennungsanordnung nach Abs. 1 und 2 Unzuträglichkeiten entstehen. Diese sind insbesondere in den wichtigen Folgen für die Berechnung der Revisionssumme und der Kosten sowie für die Möglichkeit einer Vernehmung der bisherigen Parteien als Zeugen gegeben. Es liegt ein innerer Widerspruch darin, daß eine Anordnung, welche das Gesetz lediglich aus prozessualen Zweckmäßigkeitsgründen, um dem Richter die Prozeßleitung zu erleichtern, ermöglicht, dazu führt, für die Parteien rechtliche Vorteile oder Nachteile zu bewirken. Jedoch ist angesichts des klaren Wortlautes des Gesetzes diese Betrachtung *de lege lata* ohne Bedeutung.[15]

§ 7.

III. Die Voraussetzungen für die Trennungsanordnung nach § 145 Abs. 1.

1. Es müssen „mehrere Ansprüche" vorliegen.

a) Der Begriff des Anspruchs in der Civilprozeßordnung überhaupt.

Das Wort „Anspruch", welches von jeher in Gesetzgebung, Theorie und Praxis in verschiedenen Bedeutungen gebraucht worden ist,[1] findet sich in der CPO. an zahlreichen Stellen.[2]

[15] Unrichtig erscheint es aber, daraus, daß die Fassung der Trennungsanordnung nach § 145 Abs. 1 derartige eingreifende Folgen gebietet, mit der herrschenden Meinung und dem Reichsgericht (s. z. B. Entsch. Bd. 6 S. 417) die Konsequenz zu ziehen, daß die Verbindungsbefugnis nach § 147 die umgekehrte Wirkung haben müsse, und daß durch die Verbindung eine Klagenkumulation oder Streitgenossenschaft mit ihren Folgen für die Kostenberechnung und die Zeugnisfähigkeit der Streitgenossen geschaffen würde. Derartige, dem Zwecke der Bestimmung widerstreitende Folgerungen können nur dann angenommen werden, wenn die Fassung des Gesetzes unbedingt dazu nötigt. Dies ist bei § 147 nicht der Fall (Verbindung nicht zu „einem Prozeß", sondern nur „zum Zwecke der gleichzeitigen Verhandlung und Entscheidung", vergl. § 300 Abs. 2); gegen die herrschende Meinung: Fitting, Lehrbuch 9. Aufl. S. 165. Gaupp, Komm. 3. Aufl. Bd. I S. 336, Wilmowsky-Levy Bd. I S. 245, Pfizer, Anti-Seuffert S. 306 ff., neuerdings Katz in Busch Bd. 28 S. 63 ff. Vergl. auch Wach, Entwurf S. 341, 342.

[1] Vergl. Windscheid-Kipp Bd. I. S. 155, Dernburg, Pandekten Bd. I S. 89; siehe auch Mayer, Anspruch und Rechtskraft S. 1.

[2] Vergl. Wach, Handbuch S. 393 Anm. 22.

Die Frage nach der Bedeutung von „Anspruch" in der CPO. deckt sich zwar nicht, aber hängt zusammen mit der Frage nach dem Gegenstande des Civilprozesses überhaupt, oder wie man sich seither — zu eng[3] — ausgedrückt hat, nach dem Begriff des sogenannten Klagerechts.

Es kann nicht die Aufgabe sein, auf die Klagerechtstheorien des näheren einzugehen und die große Anzahl der Deutungen des Anspruchsbegriffes in der CPO. ausführlich zu erörtern. Es wird im folgenden von der Meinung ausgegangen, daß den Gegenstand des Civilprozesses nicht lediglich der privatrechtliche Anspruch bilde; es soll die von WACH ausgebildete Theorie des Rechtsschutzanspruchs zu Grunde gelegt werden. Über diese Theorie sei folgendes bemerkt:

WINDSCHEID hat zuerst erkannt, daß es einen vom subjektiven Privatrecht gesonderten Begriff des Klagerechts gibt. Er hat in seinem Werke über die *actio* des römischen Civilrechts (1856) für das römische Recht den Begriff der *actio*, — ein „Mittelglied zwischen Privatrecht und Prozeß"[4] — zur Geltung gebracht. Das Wesen der *actio* liegt nach WINDSCHEID darin, daß in ihm ein dem privatrechtlichen Begriff des Anspruchs unbekanntes Element enthalten ist, nämlich „das Element des gerichtlichen Gehöres und des gerichtlichen Schutzes". Diese *actio* ist „nicht der Rechtsanspruch, sondern der Gerichtsanspruch". „Nicht das Recht schafft die *actio*, sondern die *actio* das Recht."[5] Neben diesen Begriff der *actio* stellt WINDSCHEID einen rein privatrechtlichen Begriff des Anspruchs („das Recht von einem anderen etwas zu verlangen"), ein Begriff, der in ähnlicher Formulierung in das BGB. (§ 194) übergegangen ist.

Während nun aber einerseits der zwischen Prozeß- und Privatrecht stehende Begriff der römischen *actio* infolge der veränderten Grundlagen des heutigen Privat- und Prozeßrechts auf das geltende Recht nicht angewendet werden kann,[6] ist andererseits der rein privatrechtliche Anspruchsbegriff nicht geeignet,

---

[3] Vergl. WACH, Feststellungsanspruch S. 15.

[4] Vergl. FISCHER, Recht und Rechtsschutz S. 67.

[5] WINDSCHEID-KIPP Bd. I S. 162, 164, WACH, Feststellungsanspruch S. 20.

[6] Vergl. WINDSCHEID-KIPP a. a. O.

dem auch für unser Recht bestehenden Bedürfnis nach einem dem Prozeßrecht entnommenen Begriffe des Klagerechts zu genügen. Um die Befriedigung dieses Bedürfnisses handelt es sich bei dem noch immer währenden Streite der Klagerechtstheorien.

Geleugnet wird es von den Anhängern der rein civilistischen Theorien, die das Klagerecht in unmittelbare Beziehung zum subjektiven Privatrecht setzen und es als „Ausfluß", „Qualität", „Ausübung", „Funktion" u. s. w. desselben bezeichnen.[7] Gegen diese Theorien bildet den Hauptangriffspunkt das in der CPO. enthaltene Feststellungsklagerecht, dem man vergebens einen materiell-civilrechtlichen Anspruch unterzulegen versucht.[8]

Den civilistischen Theorien wurde die Lehre vom abstrakten publizistischen Klagrecht zuerst von Degenkolb im „Einlassungszwang und Urteilsnorm" entgegengesetzt. Degenkolb konstruiert das Klagerecht als „Anwartschaft auf *judicium*" gegenüber dem Beklagten und als „Anwartschaft auf Urteil" gegen das Gericht, und zwar nicht auf ein günstiges Urteil, sondern auf ein Urteil schlechthin. Voraussetzung des Klagerechts ist nach Degenkolb nicht die Wahrheit des vom Kläger behaupteten Tatbestandes, sondern lediglich die Tatsache der Behauptung desselben.[9]

Diesem abstrakten Klagerecht gegenüber hat Wach mit seiner Theorie vom Rechtsschutzanspruche ein konkretes, publizistisches Klagerecht aufgestellt. Der Rechtsschutzanspruch wird von Wach[10] definiert als „der durch das Recht an den außerprozessualen Tat-

---

[7] Vergl. hierzu und dem Folgenden insbes. Langheineken, Urteilsanspruch S. 2 ff.

[8] Vergl. Motive zur CPO. S. 185, Hahn Bd. I S. 257, wo der Anspruch auf Feststellung „als ein aus dem Rechtsverhältnis selbst originirender Anspruch" bezeichnet wird. Vergl. dagegen Wach, Handbuch S. 16, Feststellungsanspruch S. 4 ff. Gegen die mehrfach vertretene Anschauung, der Kläger im Feststellungsprozesse mache einen Anspruch auf Anerkennung geltend, spricht — von anderen Gründen abgesehen — schon allein der von Wach a. a. O. (insb. Feststellungsanspruch S. 7) geltend gemachte Umstand, daß die Anerkennung in der mündlichen Verhandlung nach § 307 das Feststellungsurteil nicht abwendet, mithin die Anerkennung nicht Erfüllung sein kann.

[9] Degenkolb a. a. O. S. 26 ff. und 32 ff. Vergl. Langheineken a. a. O. S. 5.

[10] Handbuch S. 19.

bestand angeknüpfte Anspruch gegenüber dem Staate, das Rechtsschutzinteresse in prozeßordnungsmäßiger Form gegenüber dem Beklagten zu befriedigen, der Anspruch gegenüber dem Gegner, die Rechtsschutzhandlung zu dulden", oder an anderer Stelle[11] als „das Recht auf civilprozessualischen Schutz und zwar auf den Rechtspflegeakt, welcher das Ziel des Prozesses bildet". Aus der letzteren Definition erhellt, daß der Begriff des Rechtsschutzanspruchs weiter als der des sogenannten Klagerechts geht, indem er jede Art von staatlicher Rechtsschutzhandlung, das jeweilige Ziel eines Prozesses, wie es das Prozeßgesetz ermöglicht, umfaßt, soweit ein berechtigtes Rechtsschutzinteresse gegeben ist.[12] Er erscheint sonach als Urteilsanspruch, als Vollstreckungs-, Arrest- und Konkursanspruch in mehreren Unterarten, deren erste der Entscheidungs- oder Urteilsanspruch gleich dem früher sogenannten Klagerecht bedeutet: „das publizistische subjektive Recht — (ob gegen den Staat oder gegen den Imploraten kann hier dahingestellt bleiben)[13] auf ein dem Rechtsschutzsucher günstiges endgültiges richterliches Urteil in einem civilrechtlichen Streit".[14]

Die Theorie vom Rechtsschutzanspruch beantwortet die Frage nach dem Gegenstande des Civilprozesses überhaupt. Es ist weiter zu fragen: In welchem Sinne spricht die CPO. von „Anspruch"? Ist es gestattet, ihren Bestimmungen den Begriff des Rechtsschutzanspruchs unterzulegen? Streit herrscht sowohl darüber, ob die CPO. eine einheitliche Bedeutung für „Anspruch" kennt oder nicht, als auch welches diese Bedeutung sei.

Den privatrechtlichen Anspruch nehmen als einheitlichen Anspruchsbegriff der CPO. die ein publizistisches Klagerecht leugnenden Anhänger der civilistischen Theorien an, so Wilmowski-Levy[15] und Gaupp.[16] Zu demselben Resultate gelangt,

---

[11] Feststellungsanspruch S. 15.

[12] Feststellungsanspruch S. 22 ff.

[13] Langheineken, a. a. O. S. 42 ff.

[14] Vergl. Wach, Handbuch S. 21; Feststellungsanspruch S. 17, Langheineken a. a. O. S. 44, 45.

[15] Kommentar Bd. I S. 297, 371.

[16] Kommentar 3. Aufl. Bd. I S. 324.

von anderem Standpunkte aus, PLANCK,[17] nach welchem die CPO. für den publizistischen Klaganspruch (den von PLANCK sogenannten „Prozeßanspruch“) nur die Bezeichnung „Antrag“ oder „Gesuch“ hat. Im allgemeinen gebrauche die CPO. den Ausdruck „Anspruch“ durchgängig nur im civilrechtlichen Sinne, insbesondere zur Bezeichnung des vom Kläger behaupteten Privatrechts. Dies gelte besonders für die Bestimmungen, in denen die CPO. von einem „erhobenen Anspruche“ rede.[18] Auch SEUFFERT[19] läßt den Anspruchsbegriff vorwiegend dem materiellen Recht entnommen sein, begreift jedoch den Anspruch auf Feststellungsurteil (den er nicht als subjektives Privatrecht konstruiert) als in dem Anspruchsbegriff der CPO. mitenthalten ausdrücklich ein.

Einen einheitlichen Anspruchsbegriff in der CPO. nimmt als Anhänger der abstrakten publizistischen Theorie HELLMANN an.[20] Er hält als einheitlichen Anspruchsbegriff der CPO. verwertbar: „den Begriff einer privatrechtlich verliehenen Macht zur Herbeiführung einer der Privatrechtsordnung entsprechenden Entscheidung des Gerichts im Sinne des Antrags einer Partei“, — ein Begriff, der so weit ist, daß nach HELLMANN auch das Einrederecht darunter fällt.[21] In demselben Zusammenhang ist FISCHER zu nennen.[22] Nach ihm hat die CPO. für den Gegenstand des Prozesses als eine bloße Rechtsbehauptung den Ausdruck „Anspruch“ gewählt. „Anspruch im Sinne der CPO. ist nichts anderes als das Begehren, welches der Kläger tatsächlich erhoben hat, ohne jede Rücksicht auf seine wirkliche Rechtfertigung.“[23] Daß die

---

[17] Lehrbuch Bd. I S. 413 ff.

[18] a. a. O. S. 413.

[19] Kommentar 8. Aufl. S. 221.

[20] In IHERINGS Jahrb. Bd. 31. S. 79 ff. Vergl. LANGHEINEKEN a. a. O. S. 5.

[21] HELLMANN a. a. O. S. 87 und 135-

[22] Recht und Rechtschutz S. 75. „Von beiden Ansprüchen, dem Privatrechtsanspruch wie dem Rechtsschutzanspruch unterscheidet der Anspruch der CPO. sich dadurch, daß er gar kein subjektives Recht, sondern ein für den Prozeß unentbehrliches Ding ist, bei dem völlig dahingestellt bleibt und bleiben muß, ob eine Berechtigung zu Grunde liegt“ . . . „Die Auffassung des Gegenstandes des Prozesses als eines Rechtes nicht einer bloßen Rechtsbehauptung steht mit dem Wesen des Prozesses in Widerspruch.“

[23] a. a. O. S. 76.

CPO. das Wort „Anspruch“ wesentlich in der Bedeutung von „Antrag“ (freilich ohne ganz festen Sprachgebrauch) auffasse, meinen auch STRUCKMANN und KOCH.[24]

Eine große Anzahl Schriftsteller bestreitet, daß dem in der CPO. gebrauchten Worte „Anspruch“ ein einheitlicher Begriff zu Grunde liegt. Von einigen werden zwei Bedeutnngen von „Anspruch“ in der CPO. gefunden: die Bedeutung als civilrechtlicher Anspruch und als Antrag oder Begehren. Dieser Ansicht ist z. B. PETERSEN,[25] nach welchem „Anspruch“ in der CPO. bald „das Beanspruchte“ bald die (nur aus dem materiellen Rechte abzuleitende) Befugnis hierzu verstanden wird. Auch MEYER[26] findet, das die CPO. das Wort Anspruch in verschiedenem Sinn und Zusammenhang gebraucht, und meint, sie verbinde nur mit dem Ausdruck „der in der Klage erhobene Anspruch“ einen einheitlichen Begriff und zwar einen Begriff des Prozeßrechtes, eines Prozessanspruches („das im Rechtsstreit dem Gegner gegenüber erhobene Verlangen eines bestimmten Verhaltens“). Nach FITTING[27] kennt die CPO. zwei verschiedene Bedeutungen für Anspruch; sie meint damit den privaten Anspruch oder: „das dem öffentlichen Rechte auf einen bestimmten nach der Rechtsordnung schuldigen Schritt des Staates bezw. des Gerichtes“.

Die Meinung, daß in der CPO. für das Wort „Anspruch“ kein einheitlicher Begriff existiere, wird am nachdrücklichsten von WACH vertreten und in eingehender Untersuchung des Sprachgebrauchs der CPO. dargetan. WACH begründet dabei die Ansicht, daß der „Anspruch“ des CPO. auch als Rechtsschutzanspruch gedeutet werden darf und muß.[28]

Nach WACH kommt das Wort „Anspruch“ in der CPO. in drei Bedeutungen vor: 1. in der Bedeutung von civiles, befriedigungsbedürftiges Recht, 2. gleichbedeutend mit „Bean-

---

[24] Kommentar Bd. I S. 183.

[25] In BUSCH Bd. 16 S. 495 und Kommentar 4. Aufl. Bem. 3 und 4 zu § 145 S. 337; (PETERSEN leugnet jeden publizistischen Rechtsschutzanspruch).

[26] Anspruch und Rechtskraft S. 1, 11.

[27] Lehrbuch 7. Aufl. S. 158, vergl. 9. Aufl. S. 106.

[28] Vergl. Handbuch S. 293—297.

spruchtes", *Petitum*, 3. in der Bedeutung von Rechtsschutzanspruch.

1. Den materiellen Anspruch denkt nach WACH die CPO. als den civilrechtlichen Streitgegenstand, welchen er „als das klageweise verfolgte Recht selbst in derjenigen Begrenzung, welche ihm durch den Antrag, Klageantrag, gegeben wird" definiert. In diesem Sinne gebraucht nach WACH die CPO. „Anspruch" teilweise (vergl. §§ 77, 79 und 146 Nr. 1 277 a. F.) *promiscue* mit „Streitgegenstand". Rein als civilrechtlichen Anspruch verwende die CPO. das Wort, wenn sie von Klage „wegen desselben" oder „aus ihm" spricht (§§ 21, 24, 102, Nr. 5 636, 637 a. F. GVG. § 101). Auch wenn von „Geltendmachung in der Klage", „Geltendmachung des Anspruchs" die Rede ist, werde zumeist der civilrechtliche Anspruch verstanden; jedoch mische sich hier bereits der Begriff des Rechtsschutzanspruchs ein.[29] (§ 73 Abs. 3, 77, 79, 146 Nr. 1, 236, 254, 273, 278, 503, 562 Abs. 1, 563, 672, 871 a. F.)

2. Die Bedeutung von „Beanspruchtes" oder von dem „im Klagantrage zum Ausdrucke gelangenden Gegenstande des Anspruches" hat nach WACH das Wort Anspruch in der Wendung „Anspruch auf" und „in Anspruch genommener Gegenstand", so in §§ 24, 61, 72, 237, 739 Nr. 2 a. F. „Neben dem materiellen Begriffe", sagte WACH, „geht einher ein prozessualer, nach welchem Anspruch das Beanspruchte oder das Beanspruchen den Klagantrag bedeutet".[30] Diesen Sinn von Anspruch findet WACH in den §§ 5, 137, 232 a. F. Da die Vergleichung mit dem Anspruchsbegriffe des § 5 von Einfluß für die uns obliegende Deutung von „Anspruch" nach § 145 Abs. 1 sein wird, so bedarf es hier eines näheren Eingehens.

WACH geht davon aus, daß die Individualität des Anspruchs durch die seines Grundes bestimmt werde und Mehrheit der den Anspruch begründenden Tatsachen gleich Mehrheit der Ansprüche sei. Er macht bezüglich des § 5 geltend, daß die Zusammenrechnung nur da am Platze sei, wo mehrere *petita* kumulativ

---

[29] a. a. O. S. 294 Anm. 24.

[30] a. a. O. S. 296.

nebeneinander stehen. Er fügt hinzu: „Bei diesen ist es unerheblich, ob sie aus verschiedenen oder demselben Rechtsverhältnisse erwachsen. Wird beispielsweise die Herausgabe (*restituere*) einer Sache gefordert, in erster Linie auf Grund des Eigentums, ev. auf Grund des *Depositum* oder *precarium*, so sind in der Tat mehrere materielle Ansprüche gehäuft, welche jedoch sämtlich denselben praktischen Zweck der Restitution der Sache bezielen". Die Meinung ist doch wohl die, daß, wiewohl hier mehrere materielle Ansprüche vorhanden sind, dennoch eine Zusammenrechnung nicht stattfindet, daß sonach für § 5 nicht die Mehrheit civiler Ansprüche, sondern nur die Mehrheit von Anträgen, sofern sie kumulativ nebeneinander stehen, maßgebend sei. HELLMANN, der hiergegen lebhaft polemisiert,[31] scheint den Streitpunkt zu verschieben, wenn er für die Möglichkeit, „Anspruch" in § 5 gleich „Antrag" zu deuten, der Frage, ob bei Vorhandensein mehrerer kumulativer *petita* bei einheitlichem Rechtsverhältnisse eine Mehrheit von civilrechtlichen Ansprüchen gegeben sei, eine ausschlaggebende Bedeutung beimißt. Auch wenn man diese Frage verneint, würde bei Deutung des Anspruchs im Sinne von § 5 als civilrechtlicher Anspruch immer der Widerspruch bleiben, daß auch bei einer Häufung von verschiedenen Klaggründen im Sinne von Tatbeständen eine Zusammenrechnung nicht am Platze ist, falls das *petitum* einheitlich ist. Es unterliegt keinem Zweifel, daß falls z. B. derselbe Gegenstand auf Grund eines Deliktes und gleichzeitig auf Grund eines Vertrags verlangt wird, eine Zusammenrechnung nicht stattfindet.[32]

Aber auch die Deutung des Wortes Anspruch in § 5 als „Antrag" erscheint nicht angängig. „Antrag" bedeutet nichts weiteres als die Tatsache des Beanspruchens an sich, ein prozessuales Ausdrucksmittel, welches seinem Gegenstande, dem eigentlich „Beanspruchten" nicht immer adaequat zu sein braucht. Mit mehreren Anträgen kann ein einheitlicher Effekt erstrebt werden, ohne daß die Mehrheit der Anträge eine Zusammenrechnung bedingt, daher die Nichtzusammenrechnung von Eventual- und Alternativanträgen,

[31] In JHERINGS Jahrb. Bd. 31 S. 130.

[32] WACH, Handbuch S. 381.

sowie auch von solchen Anträgen, welchen eine selbständige Bedeutung nicht inne wohnt.[33] Auch solche Begehren sind formell „Anträge". Nach dem Zweck des § 5, welcher für „mehrere Ansprüche" hinsichtlich der Wertsberechnung eine Norm aufstellt, erscheint es richtig, die Frage, ob mehrere zusammenrechenbare Ansprüche vorliegen, nicht danach, ob formell Einheit oder Mehrheit von Anträgen vorliegt, zu beantworten, sondern danach, ob Einheit oder Mehrheit „des Streitinteresses, des erstrebten wirtschaftlichen Effektes" besteht.[34] Hierüber aber giebt nur die Einheit oder Vielheit des „Beanspruchten" des „in Anspruch genommenen Gegenstandes" hinsichtlich seines Wertes für den Kläger Auskunft. — Die Anträge kommen als mehrere für die Zusammenrechnung nur insoweit in Betracht, als sie ein selbständiges Wirtschaftliches Interesse darstellen. Es findet daher eine Zusammenrechnung nicht statt bei Klagen aus einem Gesamtschuldverhältnisse,[35] sowie bei Verbindung mehrerer äußerlich selbständiger Anträge, die jedoch nur verschiedene Formen zur Erreichung desselben wirtschaftlichen Zweckes sind.[36]

---

[33] Vergl. Wach, Handbuch S. 379 ff.; RG.-Urteil vom 18. Jan. 1881, Entsch. Bd. 3 S. 390 ff; vom 2. Nov. 1894. JW. 1894, S. 572; vom 5. Dez. 1896. Sächs. Archiv. Bd. VII S. 646, 647; OLG. Jena, Beschl. vom 16. März 1892, Blätter für Rechtspflege in Thüringen und Anhalt, Bd. 39 S. 260.

[34] Vergl. Wach a. a. O. S. 381.

[35] Wach a. a. O. Man wird hier nicht einwenden dürfen, daß bei Klagen aus einem Gesamtschuldverhältnisse und bei subjektiver Klagenhäufung überhaupt eine Mehrheit von Anträgen nicht vorliege, weil eine äußere Scheidung innerhalb des Antrages nicht stattfindet. Die Sache liegt nicht anders, als wenn aus verschiedenen Klaggründen mehrere Geldbeträge gefordert und die letzteren in einem Antrage addiert werden. Vergl. LG. Leipzig. Beschl. vom 23. März 1880 in Wenglers Arch. N. F., Bd. I S. 311, dagegen LG. Dresden, Beschl. vom 21. Sept. 1884, daselbst S. 801 und OLG. Dresden, Beschl. vom 29. Jan. 1881, Busch Bd. 6 S. 475. Die beiden letztgenannten Entsch. schließen für Klagen gegen mehrere Gesamtschuldner trotz Vorliegens mehrerer civilrechtlicher Ansprüche die Zusammenrechnung nach § 5 deshalb aus, weil der Streitgegenstand durch einmalige Zahlung erledigt werde. So auch die Kommentare, vergl. Gaupp-Stein, Bd. I S. 353, Petersen Bd. I S. 337, 338.

[36] Wach a. a. O; RG.-Urteil vom 18. Jan. 1881, Entsch. Bd. 3 S. 390 ff. (den Fall eines mit einer Negatorienklage verbundenen überflüssigen Antrages auf Feststellung des Eigentums betreffend); vom 20. März 1895. JW. 1895, S. 222, 223, welches nur einfachen Wertansatz vorschreibt, falls der

Im Zusammenhang mit § 5 bespricht WACH die Bedeutung von „Anspruch" in §§ 137, 232 a. F., indem er bemerkt: „Wenn § 137 von ein und demselben Anspruch redet, der auf mehreren Klaggründen ruhe, so kann damit nur die sogenannte objektive Klagenhäufung in der Form der Eventualverbindung getroffen werden, bei welcher ein und dasselbe Petitum auf verschiedene Gründe (Rechtsverhältnisse) gestützt wird". „Auch in § 232," heißt es weiter, „kann mit Anspruch nur das Petitum (das Beanspruchte) gemeint sein, denn das Gesetz geht von der Möglichkeit aus, daß mehrere Ansprüche auf demselben Grunde ruhen und nimmt hier die Verbindung der Ansprüche als selbstverständlich an, was sie in der Tat ist. Damit aber gerade wird der Ausdruck Anspruch mit Petitum gleichgestellt."

Auch hier erscheinen die Einwendungen HELLMANNS[37] nicht zutreffend, der das Resultat der WACH'schen Auslegung der Bedeutung von Anspruch in §§ 137, 232 a. F. davon abhängig macht, daß als Klaggrund das Rechtsverhältnis verstanden werde. Gerade wenn es sich um eine in Form der Eventualverbindung behauptete Mehrheit von Tatbeständen handelt, sodaß eine Mehrheit materieller Ansprüche zweifellos vorliegt,[38] bleibt bei Deutung des Anspruchsbegriffs in § 137 als materiell die Divergenz, daß hier in Wahrheit mehrere materielle Ansprüche vorliegen, das Gesetz aber von „demselben Anspruch" redet, auf welchem sich mehrere Klaggründe beziehen. Da die Klaggründe selbst das sind, wodurch bei der Mehrheit der Ansprüche jeder einzelne individualisiert wird, kann das eine, worauf sie sich sämtlich be-

Verkäufer, dem nach preußischen Landrecht vor Erfüllung des Kaufvertrages gegen den Verkäufer sowohl Anspruch auf Zahlung des Kaufpreises als auch Anspruch auf Abnahme der Ware zusteht, beide Ansprüche in einer Klage geltend macht; vergl. die oben in Anm. 33 aufgeführten Entscheidungen und GAUPP-STEIN Bd. I S. 352, 36., PETERSEN Bd. I, Bem. 12 zu § 2, S. 7; Beschl. vom 1. April 1896, JW. 1896, S. 270 (einfacher Wertansatz, falls eine Forderung und deren Sicherung in Streit ist).

[37] a. a. O. S. 131, 132.

[38] WACH erklärt freilich — der herrschenden Meinung zuwider — § 137 gerade für den Fall der Einheit des Beanspruchten bei Mehrheit der Klaggründe für unanwendbar, s. auch Vorträge, S. 113 Anm., vergl. S. 23. Dafür, daß solchenfalls nur ein Zwischenurteil, kein Teilurteil zulässig ist, vergl. auch RG.-Urteil vom 28. Nov. 1898, Entsch. Bd. 42 S. 406 ff.

ziehen, nur der sie verbindende Antrag sein. Auch bezüglich des § 232 a. F., der ja nur die Existenz einer Klage voraussetzt, erscheint die Frage nach dem Wesen des Klaggrundes als Rechtsverhältnis oder als Tatsachensumme irrelevant. Auch wenn man mit HELLMANN unter Klaggrund „den Tatbestand, aus welchem ein Rechtsverhältnis und folgeweise ein Recht entsteht", faßt, kann man unter den mehreren „Ansprüchen", die verbunden werden können, nur eine Mehrheit der Petita verstehen. Denn wenn für die mehreren materiellen Ansprüche ein und derselbe Klaggrund vorliegt, so ist für die materiellen Ansprüche die „Verbindung" in einer Klage durch die Identität ihres Fundaments von selbst gegeben; was noch zu verbinden übrig bleibt, sind lediglich die mehreren Anträge.[39]

3. Im Sinne von „Rechtsschutzanspruch" gebraucht die CPO. den Ausdruck „Anspruch" nach WACH da, wo sie „generell einen Anspruch als den Gegenstand des Streites und zwar mit der speziellen Tendenz auf die Rechtsschutzhandlung" nennt. „Das ist der Fall," fährt WACH fort, „wenn sie in §§ 230, 254, 239 Abs. 1, 464 (a. F.) von dem erhobenen oder zu erhebenden Anspruche in §§ 277, 503, Abs. 2, 563 Abs. 2 von der Abweisung, in §§ 89, 278, 499 von der Unbestrittenheit, Anerkennung, Zuerkennung des Anspruchs spricht. Man vergegenwärtige sich, daß die Klage eine negative Feststellungsklage, ihr Anspruch daher nicht ein materieller Anspruch des Klägers ist. Was sollte dann an Stellen wie §§ 230, 467, 499 „Anspruch" anders als Rechtsschutzanspruch bedeuten?" WACH weist ferner auf den Fall hin, daß der Beklagte gegenüber der positiven Feststellungsklage zwar die Existenz des klägerischen Rechts anerkennt, dagegen das Feststellungsinteresse, also den Rechtsschutzanspruch

[39] Es kann WACH (Vortr. S. 113 Anm.) nicht zugestimmt werden, wenn er bei Einheit des Beanspruchten und Mehrheit der Klaggründe eine Klagenhäufung nach § 232 a. F. annimmt. Die Möglichkeit der Häufung von Klaggründen wird in § 232 a. F. nicht gestattet, sondern vorausgesetzt; vergl. SCHMIDT, Lehrbuch Bd. I S. 847, PETERSEN in BUSCH 16, S. 493. RG.-Beschl. der verein. CS. vom 9. Febr. 1891, Entsch. Bd. 27 S. 391, Urteil vom 11. Juni 1896, JW. 1896, S. 396, 397.

bestreitet, sowie auch auf die Anwendung des § 277 a. F. im Falle der negativen Feststellungsklage.

Die Ausführungen WACHS sind, soweit er dem „Anspruch" der CPO. eine andere Bedeutung als die des materiellen Anspruches beilegt, wie bereits hervorgehoben, insbesondere von HELLMANN bestritten worden. Auch LEONHARD [40] ist der Meinung, daß auch in §§ 5 und 137 a. F. das Wort „Anspruch" nicht als Klagantrag, sondern als das „eingeklagte Recht wider den Gegner" zu verstehen sei. Ihm stimmt bezüglich des § 137 a. F. KIPP [41] zu. Der WACHschen Auslegung des Anspruchsbegriffs in den §§ 5, 137 und 232 a. F. folgt PETERSEN [42], allerdings auf Grund der abweichenden Ansicht, daß nicht nur im Sinne der genannten Paragraphen, sondern überall lediglich dann mehrere „Ansprüche" gegeben seien, wenn mehrere Begehren vorliegen.[43]

Wohl durchweg bestritten wird die Auslegung von Anspruch als „Rechtsschutzanspruch"; selbstverständlich von den Gegnern dieser Theorie, jedoch auch von deren Anhängern. Von den letzteren seien HELLWIG,[44] STEIN [45] und KIPP [46] hervorgehoben. Diese fußen darauf, daß der Begriff des Rechtsschutzanspruches zur Zeit der Emanation der CPO. noch unbekannt gewesen sei und daß die Verfasser des Gesetzes wesentlich nur den civilrechtlichen Begriff des Leistungsanspruchs vor Augen gehabt hätten. Nun ist als selbstverständlich zuzugeben, daß die Verfasser der CPO. bewußtermaßen dem Ausdrucke „Anspruch" den Begriff

[40] In BUSCH Bd. 15 S. 328, Anm. 7.

[41] WINDSCHEID-KIPP Bd. I S. 536.

[42] In BUSCH 16, S. 595 ff.

[43] „Wer aus mehreren Gründen eine und dieselbe Leistung fordert, erhebt nur einen Anspruch, und wer, statt die mehreren Klaggründe gleichzeitig geltend zu machen, sich Anfangs nur auf einen derselben stützt und diesen dann durch einen anderen ersetzt, verändert zwar die Klagebegründung in unzulässiger Weise und verändert insoweit die Natur des (anders begründeten) Anspruchs, aber er läßt damit nicht seinen bisherigen Anspruch ganz fallen, um ihn durch einen anderen zu ersetzen, sondern verlangt nach wie vor dieselbe Leistung." (a. a. O. S. 496.)

[44] Anspruch und Klagrecht S. 145, 153 ff.

[45] GAUPP-STEIN, Kommentar Bd. I bes. S. 515, Vorbem. III zu §§ 253 ff.

[46] WINDSCHEID-KIPP Bd. I S. 535, 536.

des Rechtsschutzanspruches nicht untergelegt haben können; allein dieser Umstand verbietet nicht, den Anspruchsbegriff der CPO. als Rechtsschutzanspruch zu deuten. Die Verwendung eines bestimmten Anspruchsbegriffs, um damit den Gegenstand des Civilprozesses zu konstruieren, würde eine in das Gesetz hineingelegte dogmatische Anschauung des Gesetzgebers sein, welche als solche nicht bindet.[47] Ist es nun aber möglich, aus dem Geiste und der Struktur des Prozeßgesetzes als Gegenstand des Civilprozesses einen publizistischen Rechtsschutzanspruch zu konstruieren, so muß es auch gestattet sein, wiewohl der Gesetzgeber diesen Begriff nicht vor Augen hatte, ihn in einzelnen Bestimmungen des Gesetzes ausgedrückt zu finden.

Stein und Kipp lassen daher auch eine „berichtigende“ oder „abändernde“ Interpretation zu, für welche „sich der Begriff des Rechtsschutzanspruches als verwertbar erweist“;[48] ähnlich äußert sich Flechtheim.[49] Stein kommt schließlich im wesentlichen zu demselben Resultate wie Wach, wiewohl er einen weit gefaßten „einheitlichen“ Begriff des Anspruchs gibt, als: „dasjenige Rechtsverhältnis, auf das sich nach Maßgabe der Anträge die richterliche Urteiltätigkeit unmittelbar beziehen soll, der unmittelbare Gegenstand der Entscheidung.“[50] Wenn Stein dabei besonders darauf hinweist, daß auch der Anspruch im materiellrechtlichen (Windscheidschen) Sinne nur ein „besonders geartetes Rechtsverhältnis“ sei, so läßt er erkennen, daß dem einheitlichen Anspruchsbegriffe in dieser Allgemeinheit wesentliche Elemente des Rechtsschutzbegriffes innewohnen. Am deutlichsten aber gibt Stein dem Rechtsschutzanspruchsbegriff Raum für § 306 (277

[47] Vergl. Wach, Handbuch S. 267.

[48] Kipp a. a. O. Stein a. a. O. S. 352, Bem. III zu § 145; vergl. gegen letzteren Hellwig, der (a. a. O. S. 156) den Anspruch der CPO., wo diese ihn in anderem Sinne als dem des BGB. gebraucht, als „Urteilsbegehren im Sinne dessen, was begehrt wird (das Rechtsverhältnis, auf welches der Klagantrag sich als Urteilsbitte bezieht)“ deutet. Hellwig verwirft mit Recht die „berichtigende Auslegung“. „Denn entweder hat der Anspruch die eine oder die andere Bedeutung“ (a. a. O. S. 155 Anm. 4.).

[49] In Busch Bd. 25 S. 414.

[50] Gaupp-Stein Bd. I S. 352.

a. F.):[51] „unter Anspruch ist dabei nicht nur der Leistungsanspruch (§ 194 BGB.), sondern . . . die geltend gemachte Rechtsfolge zu verstehen, also auch das als bestehend behauptete Rechtsverhältnis bei der Feststellungsklage oder der publizistische Anspruch auf den richterlichen Ausspruch bei den Rechtsgestaltungsklagen.“[52] Unbegründet erscheint es auch, wenn KIPP[53] gegen die Deutung von Anspruch gleich Rechtsschutzanspruch in §§ 277, 503 Abs. 2, 563 Abs. 2 a. F. Bedenken äußert, während er mit Rücksicht auf den von WACH gesetzten Fall, daß der Beklagte bei positiver Feststellungsklage zwar das festzustellende Rechtsverhältnis anerkennt, aber das Feststellungsinteresse bestreitet, zugibt, daß das Anerkenntnis des § 278 a. F. im Feststellungsprozesse den Rechtsschutzanspruch mit umfassen müsse. KIPP zweifelt, ob sich für § 278 a. F. die Auffassung des Anspruchs als Rechtsschutzanspruch auch im Falle der Leistungsklage bewähre. Doch lassen sich auch im Leistungsprozesse Fälle denken, wo der Beklagte, ohne materielle Einwendungen zu erheben, die geforderte Leistung an sich schuldig zu sein anerkennt, aber den Anspruch des Klägers, vor dem angerufenen Gericht ein Urteil zu erlangen und aus diesem die Zwangsvollstreckung gegen ihn zu bewirken, verneint. Diese Sachlage ergibt sich insbesondere stets, wenn der Beklagte bei Anerkennung des materiellen Klaganspruchs die prozeßhindernden Einreden der Unzuständigkeit des Gerichts, des Schiedsvertrages erhebt, oder wenn er die *exceptio rei judicatae* geltend macht. Nicht schon dann darf gegen den Beklagten ein Anerkenntnisurteil ergehen, wenn er den materiellen Anspruch anerkennt, sondern nur dann, wenn er zum Ausdruck bringt, daß er sich jeder Verteidigung gegen den klägerischen Rechtsschutzanspruch begibt,[54] wenn sein Anerkenntnis den Verurteilungsanspruch und, sofern er unmittelbar aus diesem folgt, auch den Vollstreckungsanspruch umfaßt.

---

[51] a. a. O. S. 682.

[52] Vergl. auch S. 551, Bem. I zu § 260 (232 a. F.) wo „mehrere Ansprüche“ als gleichbedeutend mit „mehreren Rechtsschutzaufgaben“ bezeichnet wird.

[53] a. a. O. S. 536.

[54] Vergl. GAUPP-STEIN Bd. I S. 685.

§ 8.

b) Wann liegen „mehrere Ansprüche" im Sinne von § 145 Abs. I vor?

Nach den Ausführungen des vorigen Paragraphen dürfen wir davon ausgehen, daß für die Auslegung der Worte „Anspruch" in § 145 Abs. 1 (da die Deutung im Sinne von „Beanspruchtes" von der Deutung als Klagantrag zu sondern ist), vier[1] Bedeutungen von Anspruch in Frage kommen, und daß es zulässig und geboten ist, bei der Interpretation auch den Sinn des Rechtsschutzanspruches zu verwenden.

In Literatur und Rechtsprechung findet sich die Frage nach der strikten Bedeutung von „Anspruch" im Sinne von § 145 Abs. 1 nur gelegentlich berührt,[2] was darin seine Erklärung finden mag, daß das hier ausschlaggebende richterliche Ermessen in allen zu Zweifeln Anlaß gebenden Fällen von einer Anwendung der Trennungsbefugnis abzusehen in der Lage ist. Für uns handelt es sich jedoch nicht darum, die Zweckmäßigkeit, sondern die Zulässigkeit der Trennungsanordnung zu erörtern, was ohne Bestimmung des Begriffs von „Anspruch" im Sinne des § 145 Abs. 1 unmöglich erscheint.

Ist für das Vorhandensein von „mehreren Ansprüchen" im Sinne des § 145 Abs. 1 das Vorliegen mehrerer materieller Ansprüche, die Mehrheit von Klaganträgen, die Einheit oder Vielheit des Beanspruchten wie in § 5, oder das Vorliegen mehrerer Rechtsschutzansprüche ausschlaggebend?

Es ist zu behaupten, daß die Mehrheit der Rechtsschutzansprüche maßgebend ist und daß, um zu einer dem Zwecke der Vorschrift entsprechenden Anwendbarkeit der Trennungsbefugnis nach § 145 Abs. 1 zu gelangen, der Ausdruck „Anspruch" nur als Rechtsschutzanspruch gedeutet werden kann.

---

[1] Vergl. Leonhard in Busch Bd. 15 S. 328, der in Wachs Auslegung vier Bedeutungen von Anspruch findet.

[2] Vergl. Wach a. a. O. S. 297 („in einer Klage erhoben") vergl. S. 296; Gaupp-Stein Bd. I S. 352, Bem. III zu § 145; der Rechtsschutzanspruch „spielt für § 145 keine Rolle"; vergl. Petersen in Busch Bd. 16 S. 497 und Kommentar Bd. I S. 337, Bem. 3 u. 4. zu § 145.

1. Die Bedeutung von Anspruch kann in § 145 Abs. 1 nicht in dem materiellen Anspruchsbegriff gefunden werden.

Das zeigt sich bei Verbindung von Leistungs- und Feststellungsklagen, insbesondere, um einen praktisch bedeutsamen Fall hervorzuheben, von mehreren Interventionsklagen nach § 771.[3] Auch die Verbindung von Hauptsache und Arrestsache, in welch letzterer ein besonderer Rechtsschutzanspruch, ein Anspruch auf antizipierte Exekution geltend gemacht wird,[4] kommt hier in Betracht. Es ist noch von keiner Seite behauptet worden, daß in diesen Fällen die Anwendung des Abs. 1 § 145 unzulässig sei.

Aber auch bei einer Häufung von mehreren Leistungsklagen kann Anspruch in § 145 Abs. 1 nicht gleich materieller Anspruch, sondern nur gleich Verurteilungsanspruch gesetzt werden. Mehrere Ansprüche im civilistischen Sinne sind stets gegeben, sofern eine Mehrzahl von Klägern oder Beklagten in Streit befangen ist. Es werden so viel Einzelprozesse als vorhanden angenommen, als Streitgenossen klagen oder verklagt werden.[5] Der Mehrheit von materiellen Ansprüchen entspricht eine Mehrheit von Verurteilungsansprüchen, die nicht etwa deshalb ausgeschlossen werden darf, weil gewöhnlich ein einheitliches Urteil den Prozeß bezüglich aller Streitgenossen erledigt. Daß es sich in Wahrheit um eine Mehrheit von Urteilsansprüchen handelt, zeigt sich in der Möglichkeit einer Mehrheit und Verschiedenheit der richterlichen Urteile gegen die einzelnen Streitgenossen, in der Zulässigkeit von (Versäumnis- und Anerkenntnis) Teilurteilen. Es wird daher, mit der noch zu erwähnenden Ausnahme von Siebenhaar, nicht daran gezweifelt, daß bei subjektiver Klaghäufung die Trennung gestattet ist. Anders ist dies aber bei der notwendigen Streitgenossenschaft nach § 62. Hier entspricht der Mehrheit der materiellen Ansprüche nicht eine Vielheit des Urteilsan-

---

[3] Vergl. hierüber Wach, Feststellungsanspruch S. 21, Gaupp-Stein, Bem. III zu § 145, S. 351, Langheineken, Urteilsanspruch S. 152, 153.

[4] Vergl. Schepers in Busch Bd. 24 S. 754; Langheineken a. a. O. S. 45.

[5] Vergl. Planck, Lehrbuch Bd. I S. 208; Wach, Handbuch Bd. I S. 39; vergl. Motive zur CPO. S. 82, Hahn Bd. I S. 173, ebenso die Kommentare; vergl. insbesondere Gaupp-Stein Bd. I S. 168, Struckmann-Koch Bd. I S. 71, Petersen Bd. I S. 338.

spruches, denn es handelt sich um solche Fälle, wo die Feststellung gegen alle Streitgenossen nur als einheitliche denkbar ist und nur ein einheitliches Urteil ergehen darf. Hier ist der Erlaß von Teilversäumnisurteilen durch das Gesetz ausgeschlossen.[6] Gleichwohl kann — zumal in solchen Fällen, wo die Notwendigkeit der Streitgenossenschaft in den Prozeßgesetzen vorgeschrieben ist (§ 856 Abs. 4, vergl. § 632 und §§ 146, 147 KO.) — nicht gezweifelt werden, daß es sich um eine Mehrheit der materiellen Ansprüche handelt, für die aber nur ein einheitlicher Rechtsschutzanspruch gegeben ist. Aus diesem Grunde muß die Anwendung der Trennungsbefugnis des § 145 Abs. 1 bei der notwendigen Streitgenossenschaft nicht nur für zweckwidrig, sondern für ausgeschlossen erklärt werden.[8]

Daß für die Frage, ob mehrere Ansprüche im Sinne unserer Bestimmung erhoben sind, nicht die Mehrheit der materiellen Ansprüche, sondern der Rechtsschutzansprüche entscheidet, beweist ferner die Unmöglichkeit der Trennung nach § 145 Abs. 1 im Falle der Verbindung mehrerer selbständiger Klaggründe bei einheitlichem Petitum.[9] Wie bereits bemerkt, liegt jedenfalls bei der Häufung von verschiedenen Klagtatbeständen bei einheitlichem Petitum stets eine Mehrheit civilrechtlicher Ansprüche vor, welche allerdings nicht eine Klaghäufung im Sinne des § 260 darstellt.[10] Die Trennung der Ansprüche muß indes (ebenso wie die Zusammenrechnung nach § 5) unterbleiben; der Kläger erstrebt trotz der mehreren civilen Ansprüche zu ihrer Durchsetzung nur

---

[6] Die Fälle der notwendigen Streitgenossenschaft sind hier nicht zu erörtern. Siehe Motive S. 82, Hahn Bd. I S. 173, wo hervorgehoben wird, daß bei Servituten-Klagen gegen mehrere *condomini* nur ein übereinstimmendes Urteil möglich ist. Vergl. insbesondere Wach, Entwurf S. 346.

[7] Vergl. Gaupp-Stein Bd. I S. 176; Meyer, Prozeßpraxis S. 133.

[8] So Struckmann-Koch, Kommentar Bd. I S. 186, Wilmowski-Levy Bd. I S. 238, Schepers in Gruchot Bd. 24 S. 755; nur als „völlig zweckwidrig" bezeichnen die Trennung bei notwendiger Streitgenossenschaft: Seuffert, Kommentar, 8. Aufl. S. 221 und Gaupp-Stein Bd. I. S. 353.

[9] Vergl. Wach, Handbuch S. 296, der die Trennung „um der Einheitlichkeit des Zweckes oder Gegenstandes des Anspruches willen" für untunlich erklärt.

[10] Vergl. oben § 7 Anm. 39, 42, 43.

eine Rechtsschutzhandlung. Eine Erledigung der mehreren materiellen Ansprüche in mehreren Teilurteilen, als Sachurteile, ist hier ausgeschlossen.[11] Ein die Klage zusprechendes Urteil erledigt sämtliche Klaggründe, und auch im Falle der Klagabweisung müssen sämtliche Klaggründe in einem Endurteile — vorausgesetzt, daß es als Sachurteil ergeht — Erledigung finden. Das Ziel der Anordnung getrennter Prozesse besteht aber im Erlasse mehrerer selbständiger Endurteile, und es darf daher, wo diese als Sachurteile unmöglich sind, auch die Trennung nicht statthaft sein. Zwar sind bei Mehrheit der Klaggründe und einheitlichem Petitum über die einzelnen Klaggründe selbständige Teilprozeßurteile — ebenso wie bei der Klagenhäufung nach § 260 (siehe unten S. 48) — denkbar. So hat das Reichsgericht im Beschlusse der vereinigten Civilsenate vom 9. Februar 1891 ausgesprochen, daß, falls eine Klage aus unerlaubter Handlung gleichzeitig noch aus einem Vertrage begründet werde, das nach § 32 für den Deliktsanspruch zuständige Gericht nicht auch die Zuständigkeit zur Entscheidung über den Anspruch aus dem Vertrage erlange. Als Konsequenz dieser Entscheidung ergibt sich, daß das Gericht seine Unzuständigkeit bezüglich des einen Klaggrundes durch Teilurteil nach § 301 zwar aussprechen könne, nicht aber auszusprechen habe.[12] Die Möglichkeit selbständiger abweisender Teilprozeßurteile spricht jedoch nicht gegen die Annahme eines einheitlichen Rechtsschutzanspruches, ebensowenig wie es die von Wach vertretene Ansicht, daß über die mehreren Klaggründe abweisende Teilsachurteile zulässig seien, tun würde. Denn bei dem Wesen des Rechtsschutzanspruches als eines Anspruches auf eine dem Imploranten günstige Rechtsschutzhandlung, ist die Einheitlichkeit oder Vielheit des Urteilsanspruches danach zu beurteilen, ob ein oder mehrere zuerkennende Urteile denkbar sind. Diese sind aber, da nur ein Einheitliches gefordert wird, bezüglich der einzelnen Klaggründe absolut ausgeschlossen.

---

[11] A. M. Wach, Vorträge S. 113, Anm. Siehe dagegen RG. Beschl. der verein. CS. vom 9. Febr. 1891, Entsch. Bd. 27 S. 391 und das oben in § 7 Anm. 38 zitierte Urteil; vergl. auch Gaupp-Stein Bd. I S. 669, Anm. 12.

[12] So Wach, Vorträge S. 113, Anm. a. M.: Gaupp-Stein Bd. I S. 607, vergl. Petersen in Busch Bd 16 S. 498.

Der Grund insbesondere für die erwähnte reichsgerichtliche Entscheidung ist ausschließlich in der Fassung der Bestimmungen über die Zuständigkeit zu suchen, wo der Ausdruck „Klage aus" synonym mit materiellem Anspruch gebraucht ist,[13] sodaß für die Zuständigkeit nur die Individualität der mehreren materiellen Ansprüche ausschlaggebend sein darf.[14]

2. Ebensowenig wie gleich materieller Anspruch darf in § 145 Abs. 1 Anspruch gleich „Beanspruchtes" wie in § 5, oder gleich „Klagantrag" gesetzt werden.

Der Unterschied der Bedeutungen von Anspruch in § 5 und § 145 Abs. 1 geht schon aus den verschiedenen Zwecken der beiden Bestimmungen hervor; § 5 hat den Gegenstand des Anspruches mit Rücksicht auf seinen Wert, § 145 Abs. 1 dagegen den Anspruch als Verhandlungsstoff und Grundlage für ein Teilendurteil im Auge. Die Verschiedenheit der Bedeutung in beiden Paragraphen zeigt sich darin, daß bei subjektiver Häufung von Klagen aus Gesamtschuldverhältnis die Zusammenrechnung unterbleibt,[15] während nach allgemeiner Meinung einer Trennung nichts im Wege steht.

Auch die Mehrheit von Klaganträgen ist nicht maßgebend dafür, ob mehrere Ansprüche im Sinne von § 145 Abs. 1 gegeben sind. Bezüglich der oben erwähnten Nebenanträge, die, aus demselben Klaggrund wie der Hauptantrag stammend, lediglich eine Erläuterung zu diesem bilden und für das vom Kläger erstrebte Rechtsschutzziel überflüssig sind,[16] ist eine Trennung nach § 145 Abs. 1 ausgeschlossen. Dasselbe gilt von mehreren Alternativ- und Eventualanträgen.[17] Auch in diesen Fällen erstrebt der Kläger eine Rechtsschutzhandlung, ein ihm günstiges

[13] So Wach, Handbuch S. 294; vergl. Petersen in Busch Bd. 16 S. 497, 498.

[14] Vergl. RG.-Entsch. Bd. 27 S. 385 ff.; Urteil vom 11. Juni 1896. JW. 1896, S. 396, 397; Gaupp-Stein Bd. I S. 47; Struckmann-Koch Bd. I S. 37; abweichend RG.-Urteil vom 6. Okt. 1890. JW. 1890 S. 402; Petersen, Kommentar Bd. I S. 83, 530.

[15] Siehe oben § 7 Anm. 35.

[16] Vergl. oben § 7 Anm. 33 u. 36.

[17] Über die Nichtzusammenrechnung nach § 5 vergl. Wach, Handbuch S. 379, 380, Petersen in Busch 16 S. 509, vergl. RG.-Urteil vom 3. Mai 1892, JW. 1892, S 170, vom 17. Mai 1887, Seuff. Arch. Bd. 43 S. 223.

Urteil. Dies liegt auf der Hand bei mehreren Alternativanträgen bei denen es sich nur um ein und denselben materiellen Anspruch handelt, für dessen Befriedigung dem Beklagten die Wahl zusteht (BGB. § 262). Aber auch falls der Kläger mehrere Anträge eventualiter nebeneinander stellt, erhebt er nur einen Urteilsanspruch. Selbstverständlich ist hier die Einheitlichkeit des Urteiles — sei es zusprechend oder abweisend — falls man mehrere Eventualanträge, wie dies die Mehrzahl der Schriftsteller tut, nur dann für zulässig erachtet, wenn der Eventualantrag, wie in den oben erwähnten Fällen auf demselben Klaggrund beruht, wie der Hauptantrag, und diesem gegenüber lediglich eine Modifikation, oder ein Minus bedeutet;[18] aber auch wenn man in der Gestattung von Eventualanträgen weiter geht und einen Eventualantrag auf ein Aliud aus einem verschiedenen Klaggrunde zuläßt, wie dies von Seiten des Reichsgerichts geschieht,[19] kann von einer Anwendung der Trennungsbefugnis des § 145 Abs. 1 nicht die Rede sein. Zwar ist, falls mehrere Eventualanträge auf verschiedenartige Leistungen und aus verschiedenen Gründen vorliegen, das Endurteil bezüglich der verschiedenen Anträge nicht notwendig einheitlich. Der Eventualantrag kann nur so gedacht werden, daß das Gericht ihm gemäß erkennen soll, falls es den Hauptantrag für unbegründet erachtet. Tritt dieser Fall ein, so kann allerdings der Hauptantrag durch ein Teilurteil abgewiesen werden. Aber auch hier erbittet der Kläger nur ein ihm günstiges Totalurteil. Der Eventualantrag kommt nicht in

[18] Siehe Gaupp-Stein Bd. 1 Bem. zu § 260 S. 552; Lämmert in Busch Bd. 16 S. 428 ff, 442; Petersen in Busch Bd. 16 S. 493 ff., inbesondere S. 509 ff.; Eccius in Gruchot Bd. 33 S. 137 ff., Bd. 36 S. 142 ff.; Pfizer in Busch Bd. 21 S. 367 ff., 384; RG.-Urteil vom 21. Dez. 1886, Seufferts Arch. Bd. 42 S. 224; OLG. Braunschweig Urteil vom 4. Nov. 1885. Seufferts Arch. Bd. 42 S. 469; vergl. auch OLG. Kassel in Busch Bd. 14 S. 492; RG. in Seufferts Arch. Bd. 43 S. 223.

[19] RG.-Urteile vom 17. März 1885 Entsch. Bd. 13 S. 358, vom 15. Okt. 1889 bei Bolze Bd. 8 S. 358, 359; vom 27. Sept. 1895, JW. 1895 S. 486; OLG. Braunschweig in Busch Bd. 7 S. 101 und OLG. Jena, Bl. für Rechtspflege in Thüringen Bd. 42 S. 134; vergl. auch Petersen, der in seinem Kommentar Bd. 1 Bem. 12 zu § 253 S. 503 wesentlich weiter geht, als in den in der vorigen Bem. zitierten Stellen. Ebenso Seuffert, Kommentar, 7. Aufl. zu § 232 Nr. 4 S. 319; Struckmann-Koch zu § 260 Anm. 7 Bd. I S. 320.

Frage, wenn dem Hauptantrag gemäß der Kläger ein zuerkennendes Urteil erzielt. Im Falle der Abweisung des Hauptantrages sind zwar mehrere Urteilsansprüche geltend gemacht worden, aber diese Mehrheit der Urteilsansprüche liegt nicht gleichzeitig vor. Vor Erlaß einer den Hauptantrag abweisenden Entscheidung steht nur dieser zur Verhandlung und Entscheidung, und da für eine Trennung nur dieses Stadium in Betracht kommen kann, so ist ein Trennungsbeschluß ebenso wie der Erlaß eines Teilurteils hinsichtlich des Eventualantrages ausgeschlossen.[20] Einen hierher gehörigen Fall bietet der neu eingefügte § 259, in welchem die Vereinigung einer Klage auf Rechnungslegung oder auf Leistung des Offenbarungseides mit der Klage auf Herausgabe des aus dem zu Grunde liegenden Rechtsverhältnis Geschuldeten zugelassen und für den letzteren Anspruch von dem Erfordernis der bestimmten Angabe der Höhe des geforderten Betrags abgesehen wird. Hier liegen zwar ohne Zweifel zwei selbständige Urteilsansprüche vor, jedoch werden sie nicht zu gleichzeitiger Verhandlung und Entscheidung geltend gemacht. Der Anspruch auf Gewährung der geschuldeten Leistung wird erst dann zur Verhandlung gestellt, wenn nach Erledigung des Anspruchs auf Rechnungslegung oder der Offenbarungs-Eidesleistung feststeht, ob und was der Kläger zu fordern hat. Auch hier darf daher eine Trennung nach § 145 Abs. 1 nicht verfügt werden, während nach Erledigung der ersten Klage einer Zusammenrechnung gemäß § 5 nichts im Wege steht.[21]

3. Die Einheit des Rechtsschutzzieles bildet das Kriterium dafür, ob eine Mehrheit von „Ansprüchen" im Sinne unserer Bestimmung vorliegt, nicht der durch den Klaggrund individualisierte materielle Anspruch.

Daraus folgt, daß die mehreren zu trennenden Ansprüche in Bezug auf ihren Grund nicht selbständig zu sein brauchen;[22]

---

[20] Vergl. RG.-Urteil vom 1. Juni 1899 in Seufferts Arch. Bd. 58 Nr. 44 S. 101, 102; Gaupp-Stein Bd. I S. 669.

[21] Vergl. Gaupp-Stein Bd. 1 zu § 5, S. 35.

[22] Anderer Meinung scheint Wach zu sein, wenn er, Handbuch S. 292 Anm. 19, sagt, daß das Gesetz in § 136 (a. F.) von „selbständigen" Ansprüchen hätte sprechen können.

sofern für sie die Möglichkeit gesonderten Verhandelns und Entscheidens gegeben ist, wird die Trennung dadurch nicht gehindert, daß das begründende Rechtsverhältnis oder auch der begründende Tatbestand der Ansprüche gleichartig oder auch identisch ist. Auch wenn mehrere verschiedenartige Leistungen aus identischem Grunde gefordert werden, so z. B. wenn der Vermächtnisnehmer vom Erben auf Grund desselben Vermächtnisses Gewährung einer Rente und Herausgabe eines bestimmten Gegenstandes fordert, kann sich sehr wohl das Bedürfnis nach Trennung beider Ansprüche fühlbar machen, da der Beklagte in Bezug auf die verschiedenen Leistungen die verschiedenartigsten Einwendungen geltend machen kann; er kann beispielsweise bezüglich des Gegenstandes behaupten, daß dieser ohne sein Verschulden untergegangen sei, während er sich bezüglich der Rente auf einen Vergleich mit dem Vermächtnisempfänger stützt. Es liegt kein Grund vor, die Trennungsbefugnis hier auszuschließen. Hindert die Identität mehrer Klaggründe die Trennung der auf sie gestützten Ansprüche nicht, so kann die Trennungsbefugnis auch dadurch nicht ausgeschlossen werden, daß mehrere Ansprüche in ihren Begründungen zueinander im Verhältnis der Präjudicialität oder des rechtlichen Zusammenhanges stehen; so steht nichts im Wege, wenn z. B. der Beklagte hinsichtlich des Hauptanspruches Zahlung, hinsichtlich des Zinsenanspruches aber eine besondere Abrede einwendet, den Zinsanspruch zum besonderen Prozeß zu verweisen.[23]

§ 9.

2. Die mehreren Ansprüche müssen „in einer Klage erhoben“ sein.

Wie bereits bemerkt, trifft § 145 Abs. 1 alle Fälle der Klagenhäufung; für die subjektive Streitgenossenschaft hat

[23] Vergl. Gaupp-Stein Bd. 1 S. 353, Schepers in Gruchot 24 S. 754. Die Zulässigkeit der Abtrennung einer Zinsenforderung bestreitet Seuffert in früherer Aufl. (vergl. 4. Aufl. Bem. 3a zu § 136 S. 179: „die mehreren Ansprüche müssen wechselweise in dem Grade selbständig sein, daß über jeden einzelnen Anspruch in einem besonderen Prozeß entschieden werden kann, ohne daß über den anderen mit entschieden werden muß“.)

Siebenhaar[1] die Anwendbarkeit des § 145 Abs. 1 unter Hinweis auf die aus der subjektiven Streitgenossenschaft für die Beteiligten entspringenden Rechte und Pflichten bestritten, weil eine Beseitigung derselben sich nur „unter besonderen Verhältnissen" rechtfertige. Daß es unbillig erscheint, wenn das Recht des Klägers, in einer Klage mehrere Beklagte zu belangen, durch eine Anordnung richterlicher Prozeßleitung vereitelt wird, ist zuzugeben, wobei *de lege ferenda* allerdings fraglich erscheint, ob die zu beseitigende Ursache des Mißstandes nicht eher in den vom Gesetz gewollten materiellen Wirkungen der subjektiven Klagenhäufung als in denen der Trennungsanordnung zu suchen ist.[2] Das Gesetz in seiner jetzigen Fassung bietet keinen Anhalt, bei der subjektiven Streitgenossenschaft die Trennung auszuschließen oder einzuschränken.

Die mehreren Ansprüche müssen zwar „in einer Klage erhoben" sein, jedoch wird man die Trennungsbefugnis auch dann nicht ausschließen, wenn erst durch Klagerweiterung oder zulässige Klagenänderung im Laufe des Prozesses ein weiterer Anspruch geltend gemacht wird.[3]

Als Voraussetzung jeder Klagenhäufung kommen in Betracht einmal das Vorhandensein der allgemeinen Prozeßvoraussetzungen für jede einzelne Klage, und zweitens die besonderen Voraussetzungen der Verbindung in einer Klage.[4] Von einer Anwendung der Trennungsbefugnis nach § 145 Abs. 1 kann nicht die Rede sein, wenn feststeht, daß eine Prozeßvoraussetzung bezüglich des abzutrennenden Anspruchs fehlt. Steht ein solcher Mangel fest, so ist der Anspruch entscheidungsreif; seine Ausscheidung kann nur durch Teilurteil nach § 301 erfolgen.[5] Fehlt

---

[1] Kommentar zu § 136 Bd. 1 S. 182.

[2] So Wach, Entwurf S. 342.

[3] So die Kommentare vergl. insbesondere Seuffert 8. Aufl. S. 221. Petersen Bd. 1 S. 337.

[4] Vergl. Gaupp-Stein I Vorbem. zu § 59/60 S. 168.

[5] Die Abweisung kann sich nur auf den einen Anspruch, bez. dessen ein Mangel in den Prozeßvoraussetzungen vorliegt, erstrecken, nicht auf die ganze Klage; so fast sämtl. Kommentare, vergl. insbesondere Petersen zu § 260 Bd. 1 S. 530 und die daselbst Anm. 6 angeführten Entscheidungen; Seuffert 8. Aufl. S. 320.

es dagegen lediglich an den Voraussetzungen der Verbindung der mehreren Ansprüche in einer Klage, so z. B. wenn einer von zwei Ansprüchen vor die Civilkammer, der andere aber vor die Kammer für Handelssachen gehört, so ist lediglich die unzulässige Verbindung aufzuheben.[6] Diese Trennung hat aber nicht, wie PETERSEN[7] anzunehmen scheint, auf Grund von § 145 Abs. 1, vielmehr, sofern nicht der Gegner in die Verbindung einwilligt, mit Notwendigkeit von Amtswegen erfolgen. Gleichwohl hat sie nach der oben in § 6 dargelegten Auffassung keine andere Wirkung als die Trennung nach § 145 Abs. 1.[8]

§ 10.

IV. Die Voraussetzungen für die Trennung nach § 145 Abs. 2; insbesondere der Mangel des rechtlichen Zusammenhanges zwischen dem Klaganspruche und dem in der Widerklage geltend gemachten Gegenanspruche.

Der Abs 2. des § 145 läßt eine Anordnung des Richters, daß über mehrere Ansprüche in getrennten Prozessen verhandelt werde, auch dann zu, wenn die Ansprüche nicht in einer Klage verbunden nebeneinander hergehen, sondern wenn sie in Klage und Widerklage gegeneinander gerichtet sind.

Der den Fall der Widerklage mit umfassende Absatz 2 des alten § 136 sprach von einer vom Beklagten vorgebrachten „Gegenforderung“. Hieraus entstand die Streitfrage, ob die Trennung auch dann zulässig sei, wenn die Widerklage auf Grund eines dinglichen Anspruches erhoben war. Die Trennungsbefugnis für eine solche Widerklage auszuschließen, dürfte kaum in der Absicht des Gestzgebers gelegen haben; dennoch sprach der Wort-

---

[6] Vergl. PETERSEN, Kommentar Bd. 1 S. 531; Urteil des RG. vom 25. Okt. 1881 Entsch. 5 S. 165 ff.; Urteil des OLG. Cöln vom 8. Nov. 1882, abgedruckt in BUSCH 7 S. 101.

[7] a. a. O., ebenso das OLG. Cöln, welches in der in der vor. Anm. angeführten Entsch. von einer Trennung „gemäß“ § 136 spricht.

[8] Seiten PFIZERS, der bei Trennung nach § 145 Abs. 1 die Prozeßeinheit fortbestehen läßt, ist es nur konsequent, wenn er (in GRUCHOT Bd. 32 S. 375 Anm. 5) die Wirkungen der Trennung nach § 145 Abs. 1 und der Aufhebung einer unzulässigen Klagenverbindung unterscheidet.

laut des § 136 unbedingt dafür.[1] Durch die jetzige Formulierung ist es außer Zweifel gestellt, daß sich die richterliche Trennungsbefugnis auch auf Widerklagen aus dinglichen Rechten erstreckt.

Voraussetzung für die Trennung von Klage und Widerklage ist natürlich, daß die abzutrennende Widerklage gemäß § 33 (vgl. § 595, 529) zulässig und nach § 278 rechtzeitig erhoben ist, oder vielmehr, daß nicht das Gegenteil feststeht.[2] Zu bemerken ist, daß, falls gemäß § 506 infolge der Erhebung einer Widerklage der Prozeß vom Amtsrichter an das Landgericht verwiesen wird, die Trennungsbefugnis nicht dem Amtsrichter, sondern dem mit der Verhandlung befaßten Landgerichte zusteht.

Die Verweisung der Widerklage in einen getrennten Prozeß darf nur erfolgen, wenn „der Gegenanspruch mit dem in der Klage geltend gemachten Anspruche nicht in rechtlichem Zusammenhange steht". Der § 33 setzt für die Widerklage voraus: „daß der Gegenanspruch mit dem in der Klage geltend gemachten Anspruche oder mit den gegen denselben vorgebrachten Verteidigungsmitteln in Zusammenhang steht". Sofern mit der herrschenden Meinung durch § 33 die Zulässigkeit der Widerklage im allgemeinen[3] geregelt erachtet wird, können als mögliche Fälle einer Trennung gemäß § 145 Abs. 2 nur diejenigen in Frage kommen, in welchen ein Zusammenhang zwischen dem Widerklageanspruch und einem Verteidigungsmittel besteht. Die Trennungsbefugnis nach § 145 Abs. 2 erscheint um so wichtiger,

---

[1] So SCHEPERS in GRUCHOT Bd. 24 S. 755. GAUPP, 3. Aufl. Bd. 1 S. 327; vergl. GAUPP-STEIN Bd. 1 S. 353; a. M. SCHOLLMEYER, Compensationseinrede S. 146, LÖNING in BUSCH Bd. 4 S. 159, SEUFFERT, Kommentar 4. Aufl. S. 179.

[2] Eine Trennung von Klage und Widerklage, die dann erfolgt, wenn der Widerklage ein vom Widerbeklagten geltend gemachter Mangel entgegensteht und dabei nicht Abweisung, sondern nur Trennung verlangt wird, hat mit der Trennung nach § 145 Abs. 2 nichts zu tun; vergl. LÖNING in BUSCH Bd. 4 S. 182.

[3] Daß § 33 nur den Gerichtsstand der Widerklage regele, nehmen an: insbesondere GAUPP-STEIN 1 S. 93 und LÖNING in BUSCH 4 S. 57 ff.; vergl. dagegen PETERSEN Bd. 1 S. 85 und die daselbst Anm. 1 aufgeführten Entsch. und Schriftsteller.

wenn wir mit WACH[4] annehmen, daß ein Zusammenhang auch mit materiell gänzlich unschlüssigen Scheineinreden genügt. „Gegen Mißbrauch und Erschleichung des Gerichtsstandes durch frivole Vorschützung gänzlich impertinenter Einreden kann nur die richterliche Trennungsgewalt und Anwendung des Teilurteils (§§ 136, 273, 274) helfen".[5]

Während in § 145 (vgl. §§ 147, 302) vom „rechtlichen Zusammenhange" die Rede ist, spricht § 33 nur von „Zusammenhang". Daraus ist vielfach geschlossen worden, daß zwischen dem „rechtlichen Zusammenhang" des § 145 Abs. 2 und dem „Zusammenhang" des § 33 ein Unterschied bestünde. So behaupten neuerdings STRUCKMANN-KOCH,[6] daß der Zusammenhang nach § 33 kein rechtlicher zu sein brauche, und daß auch der „bloß tatsächliche" genüge. Für diese Ansicht spricht allerdings die Entstehungsgeschichte der Divergenz. In dem ursprünglich mit § 145 konformen § 33 des Entwurfes ist auf Antrag des Abg. Dr. BÄHR das Wort „rechtlich" gestrichen worden. Ein späterhin angenommener Antrag des Abg. BÄHR, auch in § 130 des Entwurfs (dem jetzigen § 145) das Wort „rechtlich" zu streichen, wurde zwar ebenfalls angenommen, jedoch nachträglich auf einen vom Abg. Dr. SCHWARZE namens der Redaktionskommission gestellten Antrag wieder zurückgenommen. SCHWARZE bemerkte dazu, jener Beschluß sei lediglich mit Rücksicht darauf gefaßt worden, daß in § 33 das Wort „rechtlich" gestrichen worden sei; die Redaktionskommission habe sich jedoch überzeugt, daß diese Konsequenz nicht richtig sei, daß vielmehr in § 130 ebenso wie in § 132 das Wort „rechtlich" stehen bleiben müsse. Dem Antrag auf Zurücknahme des früheren Antrags schloß sich die Kommission ohne Debatte an.[7]

Danach gewinnt es freilich den Anschein, als ob in der Reichsjustizkommission die Auffassung geherrscht habe, zwischen

---

[4] Handbuch S. 483, ebenso GAUPP-STEIN 1 S. 89; a. M. u. a. PETERSEN, Kommentar 1 Bem. 31 zu § 33 S. 90.

[5] WACH a. a. O.

[6] 8. Aufl. I S. 39.

[7] Protokolle der Kommission S. 12, 55 u. 61, HAHN I S. 567, 571, vergl. LÖNING in BUSCH Bd. 4 S. 90 ff.; WACH, Handbuch S. 480 Anm. 21.

dem Zusammenhang des § 33 und dem rechtlichen Zusammenhang des § 145 bestehe ein Unterschied; jedoch ohne daß man sich bewußt gewesen wäre, worin dieser Unterschied liege. Daher spricht sich die allgemeine Meinung und mit ihr das Reichsgericht mit Recht gegen die von STRUCKMANN-KOCH vertretene Auffassung aus. Nach Ansicht des Reichsgerichts [8] bedeutet das Wort „Zusammenhang" in § 33 dasselbe wie Konnexität im Sinne des gemeinen Rechts, sodaß das Wort „Zusammenhang" nur als „der kürzere prozessualtechnische Ausdruck" für die Worte „rechtlicher Zusammenhang und Konnexität" (so § 22 des ersten hannöverschen Entwurfs) gebraucht sei. Durchschlagend gegenüber der von STRUCKMANN-KOCH vertretenen Ansicht ist, daß sich unter einem rein tatsächlichen Zusammenhang kein einigermaßen bestimmter Begriff denken läßt. Ein tatsächlicher Zusammenhang würde schon in der zufälligen Identität irgend eines Tatbestandmomentes gelegen sein; insbesondere schon in der Identität der beanspruchten Sache oder der beteiligten Subjekte. Das würde man aber als eine genügende Begrenzung der Zulässigkeit der Widerklage nicht betrachten können. [9]

Mithin ist ein Unterschied zwischen dem Zusammenhang des § 33 und dem rechtlichen Zusammenhang des § 145 nicht zuzugeben. In beiden Bestimmungen kommt übereinstimmend nur der rechtliche Zusammenhang in Betracht, dessen Begriff freilich ebenfalls kein scharf fixierter ist, und der der richterlichen Subsumtion bei Anwendung der Trennungsbefugnis nach § 145 Abs. 2 einen nicht allzu eng umgrenzten Spielraum läßt. [10]

---

[8] Vergl. insbesondere Urteile vom 15. März 1884, Entsch. Bd. 11 S. 423 und vom 10. Nov. 1892, JW. 1893, S. 14 Nr. 7.

[9] Vergl. WACH a. a. O.; LÖNING a. a. O. S. 91 ff. und die neueren Kommentare mit Ausnahme von STRUCKMANN-KOCH; insbesondere WILMOVSKI-LEVY Bd. 1 S. 73, GAUPP-STEIN Bd. 1 S. 98, PETERSEN 1 S. 90.

[10] Vergl. z. B. RG.-Urteil vom 22. März 1895, JW. 1895 S. 223 Nr. 3, wo es sich um verschiedene, auf ein und demselben Rechtsverhältnis beruhende Lombardierungen handelt. Vergl. ferner die Urteile vom 18. Febr. 1890, Entsch. Bd. 25 S. 396, vom 11. Mai 1886, JW. 1886 S. 226; vom 12. Mai 1891 JW. 1891 S. 330 Nr. 5; vom 21. Nov. 1898, JW. 1899 S. 8 Nr. 11, wo die Auffassung des Vorderrichters, es sei ein notwendiger Zusammenhang erforderlich, zurückgewiesen wird. Vergl. auch Bayr. OLG.-Urteil vom

Eine erschöpfende Darstellung der Fälle des rechtlichen Zusammenhanges gibt WACH,[11] der denselben als gegeben annimmt: 1. bei Identität des streitigen materiellen Anspruchs uud Verschiedenartigkeit der Rechtsschutzansprüche, so wenn der Kläger negative Feststellung, der Widerkläger auf Grund desselben Rechts Verurteilung des Klägers beantragt; 2. bei Verschiedenheit der materiellen Ansprüche (und zwar so, daß ihre Koexistenz möglich ist), dann, „wenn es gestattet ist, die mehreren Ansprüche als verschiedene Seiten, Ausflüsse eines Rechtsverhältnisses aufzufassen“; und 3. wenn eine Koexistenz der verschiedenen materiellen Ansprüche ausgeschlossen ist, bei einem gegenseitigen Bedingungsverhältnisse oder dann, wenn der Beklagte das klägerische Recht oder die Sache mit seiner Widerklage ausschließlich für sich in Anspruch nimmt.

Mit diesen Ausführungen übereinstimmend geht die allgemeine Definition dahin, daß rechtlicher Zusammenhang stets dann gegeben ist, wenn die mehreren Ansprüche aus demselben Rechtsverhältnis oder Rechtsgeschäfte entspringen, oder wenn der eine der Ansprüche in einem Präjudicialverhältnis zu dem anderen steht,[12] wobei mit LÖNING zu betonen ist,[13] daß der Zusammenhang der Ansprüche nicht in der „Sphäre der abstrakten, die Ansprüche regulierenden Rechtssätze“, sondern vielmehr nur „in den denselben zu Grunde liegenden Tatsachen, in dem Tatbestand“, zu suchen ist.

§ 11.

V. Ist die Trennung gemäß § 145 Abs. I zulässig, falls mehrere Ansprüche in einer Widerklage erhoben sind?

Der Fall, daß der Beklagte in seiner Widerklage mehrere Ansprüche gegen den Kläger erhebt, ist im Gesetze nicht hervor-

---

28. Sept. 1893, Entsch. des Bayr. OLG. Bd. 14 S. 721; OLG. Dresden, Urteil vom 18. Okt. 1887, WENGLERS Arch., N. F., Bd. 8 S. 769 ff.

[11] Handbuch S. 479 ff.

[12] So die Kommentare: SEUFFERT, 8. Aufl. S. 42; GAUPP-STEIN 1 S. 98; PETERSEN 1 S. 90, WILMOVSKI-LEVY 1 S. 73, vergl. RG.-Urteil vom 11. Mai 1886 JW. 1886 S. 226; vom 12. Mai 1891, JW. S. 330 Nr. 5, vom 22. März 1895 JW. S. 223 Nr. 3.

[13] a. a. O. S. 93.

gehoben. Ein Zweifel über die Möglichkeit einer Trennung innerhalb der mehreren Widerklagansprüche kann nicht aufkommen, falls dieselben sämtlich mit dem Klaganspruch nicht in rechtlichem Zusammenhange stehen. Ist nun, sofern Konnexität der mehreren Gegenansprüche vorliegt, etwa die Trennungsbefugnis nach Abs. 1 auf die Widerklagansprüche analog anwendbar?

Petersen [1] bestreitet, daß es in diesem Falle zulässig sei, die Gegenansprüche gemäß § 145 Abs. 1 voneinander zu trennen, mit der Begründung, der Beklagte und Widerkläger habe, soweit nicht Abs. 2 zutreffe, ein Recht darauf, daß über seine Ansprüche in demselben Prozesse verhandelt und entschieden werde, in welchem über denjenigen der Kläger erkannt werde. Man könnte versucht sein, dem Folgendes entgegenzuhalten: Der Abs. 2 des § 145 regelt nur das Verhältnis von zwei in Klage und Widerklage erhobenen einander entgegengesetzten Ansprüchen, während Abs. 1 mehrere in einer Klage verbundene nebeneinander hergehende Ansprüche betrifft; sonach kann die für Abs. 2. bestimmte Voraussetzung des mangelnden rechtlichen Zusammenhanges auch nur für den Fall zweier in Klage und Widerklage gegeneinander gerichteter Ansprüche Geltung haben, nicht auch für die Anwendbarkeit der in Abs. 1 für mehrere in einer Klage erhobene Ansprüche enthaltenen Trennungsbefugnis auf mehrere in einer Widerklage verbundene Ansprüche. Und allerdings geht die herrschende Meinung dahin, daß die Widerklage eine wirkliche Klage sei und daß auf sie alle Vorschriften über die Klage Anwendung zu finden hätten, soweit nicht das Gesetz, wie bezüglich der Form der Erhebung, ausdrücklich ein Anderes voraustreibe. [2]

Indes erscheint eine analoge Anwendung der Trennungsbefugnis des Abs. 1 auf mehrere mit dem Klaganspruche konnexe Widerklagansprüche dennoch ausgeschlossen und zwar sowohl

---

[1] Kommentar I, Bem. 4 zu § 145 S. 338.

[2] Vergl. Petersen a. a. O. S. 84, 86, vergl. Wach, Handbuch S. 486, Löning in Busch Bd. 4 S. 79, Seuffert, Kommentar, 4. Aufl. S. 43, dagegen Gaupp-Stein Bd. I S. 95; Gaupp, Kommentar, 3. Aufl. Bd. I S. 87, Struckmann-Koch Bd. I S. 40.

wegen der Fassung des Abs. 2, als auch wegen der unlösbaren Schwierigkeiten, die sich der Durchführung entgegenstellen würden. Denn, wiewohl bei analoger Anwendung von Abs. 1 die den mehreren Klagansprüchen gleichzustellenden konnexen Gegenansprüchen untereinander trennbar sein würden, so erscheint doch durch den Wortlaut des Abs. 2 jeder Widerklaganspruch für sich als mit dem Klagansprüche zur Verhandlung in einem Prozesse unlösbar verbunden. Dadurch werden aber die Widerklagansprüche auch unter sich fest verknüpft; eine Spaltung derselben in mehrere Prozesse, in welchen sämtlich auch der nämliche Klaganspruch zu verhandeln wäre, ist undenkbar. Wollte man aber, dem Wortlaute des Abs. 2 zuwider, die Loslösung eines der mehreren Widerklagansprüche von dem Klagansprüche gestatten, so könnte nur die Willkür darüber entscheiden, welcher von den Gegenansprüchen mit dem Klagansprüche in demselben Prozesse, welcher in einen selbständigen Prozesse zu verhandeln sein würde. Es ist sonach PETERSEN beizustimmen, wenn er eine Abtrennung eines von mehreren mit dem Klagansprüche konnexen Widerklagansprüchen nur dann für zulässig erklärt, wenn nach Erledigung des Klagansprüches über dieselben weiter verhandelt wird.[3] Doch darf hervorgehoben werden, daß bei mehreren konnexen Widerklagansprüchen nur die Trennung während der Verhandlung gemäß § 145 Abs. 1 zufolge des Erfordernisses der Inkonnexität in Abs. 2 ausgeschlossen ist. Zulässig ist dagegen die Trennung der Entscheidung durch Teilurteil nach § 301. Die in diesem Paragraphen für „mehrere in einer Klage erhobene Ansprüche“ getroffene Vorschrift muß mangels einer entgegenstehenden Bestimmung auch für mehrere in einer Widerklage verbundene Ansprüche gelten.[4]

---

[3] Kommentar I S. 338; vergl. GAUPP, Kommentar, 3. Aufl. Bd. I S. 327: „Die Widerklage fällt nach dem Sprachgebrauche der CPO. nicht unter Abs. 1.“

[4] Vergl. GAUPP-STEIN Bd. I S. 669.

Dritter Abschnitt.

Die Anordnung, daß über die Klage und über die Aufrechnung getrennt verhandelt werde nach § 145 Abs. 3.

§ 12.

I. Die prozessuale Behandlung der Aufrechnungseinrede im allgemeinen.

Wie für die Entwicklung des materiellen Rechts der Kompensation das BGB. einen Abschluß geschaffen hat, so bedeuten die Bestimmungen in §§ 145 Abs. 3 und 302 das Ergebnis einer langen Geschichte der Behandlung der Kompensationseinrede im Prozesse; sie beseitigen eine große Anzahl Streitfragen, welche sich an die Fassung der alten §§ 136 Abs. 2, 274 knüpften, und die ihren inneren Grund teilweise in dem hier nicht zu erörternden Widerstreite der Theorien über die materiell rechtliche Natur der Kompensationseinrede hatten.

Die Einrede der Kompensation hat von jeher zu einer von anderen Einreden gesonderten prozessualen Behandlung aufgefordert, wofür die Ursache in ihrer materiellrechtlichen Natur und in ihrer sich daraus ergebenden Eigenart beim Vorbringen im Prozesse zu suchen ist. Alle Theorien, gleichviel worin sie die Wirkung des Kompensationsvorbringens erblicken, betonen gleichmäßig das Wesen der Kompensation als einer Tilgung der beiden, sich gegenüberstehenden Forderungen, als einer Befriedigung des Klägers, die sich aber von der Befriedigung durch Zahlung wesentlich dadurch unterscheidet, daß durch die Kompensation dem Kläger nicht das gewährt wird, was er mit seiner Klage erstrebt, daß ihm vielmehr ein in einer Gegenforderung, einem Gegenrechte bestehendes Vermögensstück des Beklagten hingegeben wird.[1] Die Eigenart der Kompensationseinrede liegt

[1] Siehe z. B. Stölzel, der die Kompensation (Schulung S. 2) eine „ideelle Zahlung“ nennt, vergl. ferner Schollmeyer, Compensationsrede S. 4; Dernburg, Pandekten II § 62 „Kompensation ist Tilgung von Gegen-

nun aber darin, daß dieses, dem Kläger entgegengehaltene Gegenrecht außer allem Zusammenhange mit dem dem eingeklagten Anspruche zu Grunde liegenden Tatbestande stehen kann; es erfordert keine weitere Beziehung zu dem Klaganspruche als die Gleichartigkeit der beiderseitigen Leistungen. Woraus der Beklagte die tatsächliche und rechtliche Begründung seiner Gegenforderung entnimmt, ist gleichgültig. Gegen ein Kompensationsvorbringen kann sich daher der Kläger auch durch die sorgfältigste Erörterung und den ausgiebigsten Beweis aller sich auf seinen Anspruch erstreckenden Beziehungen nicht schützen. Hierin ist der Unterschied der Kompensationseinrede auch von der ihr am nächsten kommenden Einrede der Retention, die man oft auf die gleiche Stufe mit ihr zu stellen gesucht hat,[2] zu erblicken. Zwar läßt auch jene die Richtigkeit der die Klage begründenden Tatsachen ebenso wie den Klaganspruch an sich, unangefochten; jedoch ist vom materiellen Rechte wenigstens regelmäßig Konnexität mit dem Klaganspruch erfordert. Es ist nicht zutreffend, wenn behauptet wird, das Bedürfnis den Prozeß gegen Verschleppung durch weit aussehende mit der Klage nicht im Zusammenhang stehende Verteidigungen zu schützen, bestehe an sich bei allen sogenannten rechtsverfolgenden Einreden, insbesondere bei der der Zurückbehaltung.[3] Nur die Kompensationseinrede ermöglicht es dem Beklagten, durch Behauptung fernliegender Tatsachen dem Kläger eine angebliche Gegenforderung entgegenzustellen und ihm durch umfängliche Beweisanträge die

---

forderungen durch Aufrechnung", Kohler in Busch Bd. 20 S. 4 „Kompensieren heißt nichts anderes als das Hervorholen eines Vermögensstückes aus dem Vermögen des Schuldners, um dieses der Zahlung halber in das Vermögen des Gläubigers zu werfen;" derselbe in Busch Bd. 24 S. 5, „die Aufrechnung ist nicht Zahlung, sie ist Befriedigung," ebenso Wach in Busch Bd. 27 S. 2.

[2] Vergl. Fitting, Lehrbuch S. 316, Gaupp-Stein Bd. I S. 954.

[3] Vergl. Gaupp-Stein a. a. O.; eine Ausnahme hat die Retention im Hamburgischen Recht, das keine Konnexität erforderte, gebildet. Siehe OLG. Hamburg, Urteil vom 1. Okt. 1890, Seufferts Arch. Bd. 46 S. 222; LG. Hamburg, Urteil vom 6. Juli 1891, Hanseatische Gerichtszeitung, Beiblatt (civilr. Fälle) Bd. XIII S. 79. RG.-Urteile vom 17. Jan. 1883, Entsch. Bd. 15 S. 421 und vom 12. Juni 1895. Seufferts Arch. Bd. 51 S. 93 ff.

Durchsetzung eines liquiden Anspruchs zu vereiteln; denn solange die Möglichkeit einer dem Beklagten zustehenden kompensablen Gegenforderung vorliegt, ist der Klaganspruch zur Zuerkennung nicht reif.

Diese dem Kläger drohende Gefahr war es, welche JUSTINIAN zum Erlaß der viel erörterten Bestimmung in l. 14 Cod. § 1 *de compensationibus* 4, 31 veranlaßt hat. Hier heißt es, der Richter solle, wenn einer liquiden oder nahezu zur Zuerkennung reifen Klageforderung eine Kompensationseinrede entgegengesetzt werde, den Beklagten ohne Rücksicht auf die Kompensationseinrede verurteilen. JUSTINIAN schreibt den Richtern vor: „*non procliviores in admittendas compensationes existant nec molli animo eas suscipiant, sed stricto jure utentes, si invenerint eas et majorem et ampliorem exposcere indaginem, eas quidem alii judicio reservent, litem autem pristinam jam paene expeditam sententia terminali componant* . .“ — eine prozessuale Vorschrift, über deren Bedeutung und Umfang im gemeinen Rechte viel gestritten worden ist. Insbesondere war kontrovers, ob die Verweisung der Kompensationseinrede *ad seperatum* nur im summarischen oder auch im ordentlichen Verfahren[4] Anwendung finden könne, auch war streitig, ob bei illiquider Gegenforderung der Richter zu der Verweisung *ad seperatum* verpflichtet[5] oder nur ermächtigt[6] war.

Hatte JUSTINIAN als Merkmal für die besondere prozessuale Behandlung der Kompensationseinrede deren Illiquidität hervorgehoben, so unterscheidet das preußische Recht zwischen konnexen und inkonnexen Gegenforderungen. Die allgemeine Gerichtsordnung für die preußischen Staaten, welche im 19. Titel des ersten

---

[4] So WETZELL, System insbesondere S. 196, vergl. BRIEGLEB, Einleitung in die Theorie der summarischen Prozesse 1859, S. 190 ff., insbesondere S. 193 Anm.; PETERSEN bei GRUCHOT Bd. 31 S. 559; GEIB, Theorie S. 288, 289, wo überdies auch die rein prozessuale Bedeutung der genannten lex bestritten wird, LIPPMANN, IHERINGS Jahrb. Bd. 32 S. 255 Anm.; a. M.: OSTERLOH, Lehrbuch des gemeinen deutschen Civilprozesses Bd. II S. 61: „wegen Illiquididät darf im ordentlichen Prozeß keine Einrede zur besonderen Ausführung überwiesen werden.“

[5] Vergl. z. B. LIPPMANN a. a. O. S. 255.

[6] So z. B. Motive zur CPO. S. 135, HAHN I S. 216; DERNBURG, Pandekten Bd. II S. 177.

Abschnittes („Über die Rekonvention oder Widerklage") die Kompensationseinrede der Widerklage gleichstellt, bestimmt in § 9 dieses Titels, daß, wenn die Gegenforderung eines Beklagten nicht aus dem bei der Klage zu Grunde liegenden, sondern aus einem anderen und verschiedenen Geschäfte entspringe, sie niemals in einem und demselben Prozeß mit der Hauptklage verhandelt werden solle. Im Zusammenhang[7] mit diesen Vorschriften der allgemeinen Gerichtsordnung enthielt das allgemeine preußische Landrecht in § 359, 16. Titel des ersten Teiles die weitere Bestimmung, daß die Kompensation nur insofern stattfinde, als die betreffende Gegenforderung „nach Vorschrift der Prozeßordnung sofort liquid gemacht" werden könne. Daß auch diese Vorschrift nur prozessualer Natur gewesen sei, ist zwar nicht unbestritten,[8] wurde jedoch überwiegend und auch vom Reichsgericht angenommen.[9]

Eine Sonderstellung nimmt das französische Recht insofern ein, als es in Artikel 1290 und 1291 für die *compensation légale* die Liquidität als materiellrechtliche Voraussetzung aufstellt, eine Voraussetzung, die für die *compensation judiciaire* nicht gilt.[10]

Was die hannöversche Prozeßordnung sowie die Vorentwürfe zur CPO. anlangt, so darf auf das oben in § 1 Angeführte verwiesen werden.

§ 13.

II. Die §§ 136 Abs. 2 und 274 a. F.

Soweit die erwähnten Vorschriften früherer Rechte, durch welche die Liquidität oder die Liquidabilität zur Voraussetzung der Aufrechnung im Prozesse gemacht wurde, prozessualer Natur

---

[7] Vergl. Förster-Eccius, Preuß. Privatrecht S. 602.

[8] Vergl. Lippmann, Iherings Jahrb. Bd. 32 S. 255.

[9] Vergl. Förster-Eccius a. a. O. Anm. 66, Dernburg, Preuß. Privatrecht 5. Aufl. Bd. 2 S. 258. Landé, Das allgemeine Landrecht für die preuß. Staaten, 2. Aufl. S. 204 und die daselbst angeführten Entscheidungen, Liebknecht, Kompensationsvollzug S. 104.

[10] Vergl. Zachariae, Handbuch des französ. Civilrechts, herausgegeben von Dreyer, 7. Aufl. S. 398, Motive zur CPO. S. 135, Hahn Bd. I S. 216; vergl. RG.-Urteil vom 11. Mai 1886, Entsch. Bd. 16 S. 372.

waren, sind sie durch Abs. 2 des § 136 und den für den Fall der Kompensationseinrede mit diesem korrespondierenden § 274 a. F. aufgehoben worden. Von dem „dehnbaren und kontroversen Erfordernis der Liquidität oder Liquidabilität" absehend, setzte die CPO. in § 136 Abs. 2 und 274 an Stelle einer (wenigstens teilweise) bindenden Vorschrift die dem freien richterlichen Ermessen unterstehende Trennungsbefugnis, einen Akt der Prozeßleitung, den sie nur von der Voraussetzung der Inkonnexität zwischen Klageforderung und Gegenforderung abhängig machte. Aber obgleich in unmittelbaren Zusammenhang mit der Trennungsbefugnis des § 136 Abs. 1 gebracht, ist für den Prozeßleitungsakt des Abs. 2 die Prozeßleitung nicht Selbstzweck, sondern nur das modernen Prozeßformen angepaßte Mittel für eine tiefer liegende, der materiellrechtlichen Eigenart der Kompensation entspringende gesetzgeberische Absicht.[1] Für die Trennungsbefugnis in Bezug auf die Einrede der Kompensation ist Zweck in erster Linie, der möglichen Prozeßverschleppung durch mißbräuchliche Anwendung des Kompensationsrechtes vorzubeugen; es ist SCHOLLMEYER zu widersprechen, der[2] auch für § 136 Abs. 2 den Zweck in erster Linie in der „Herbeiführung möglichster Beherrschung des Prozeßmaterials seitens des Gerichts" erblickt und demgegenüber die Rücksichtnahme auf die Interessen des Klägers in den Hintergrund treten läßt. Daß das Verhältnis gerade umgekehrt ist und daß bei Handhabung der Trennungsbefugnis nach § 136 Abs. 2 in erster Linie den Interessen des Klägers gegen Prozeßverschleppung gedient werden soll, ist überwiegende Meinung.[3] Darin gerade liegt der Unterschied zwischen der Trennungsbefugnis nach § 136 Abs. 2 von der nach Abs. 1. Für letztere war, wie wir

[1] Motive S. 135, HAHN Bd. I S. 216, vergl. RG.-Urteil vom 11. Mai 1891, Entsch. Bd. 27 S. 296: „Die Bestimmung des § 136 Abs. 2 ist wesentlich nichts anderes als eine den neuen Prozeßformen angepaßte anderweite Gestaltung und Verallgemeinerung des von der gemeinrechtlichen Rechtsprechung nicht mehr festgehaltenen Erfordernisses der Liquidität, das ebenfalls von vorwiegend prozessualer Bedeutung ist".

[2] Compensationseinrede S. 33.

[3] Vergl. PETERSEN in GRUCHOT Bd. 30 S. 12, Bd. 31 S. 572, 588; LIPPMANN in BUSCH Bd. 13 S. 137; LIEBKNECHT, Kompensationsvollzug S. 105; WACH in BUSCH Bd. 27 S. 6.

sahen, in erster Linie das Interesse des Richters und der Parteien an möglichster Ordnung des Prozeßstoffes maßgebend, und wenn auch diese Anordnung in Bezug auf die Revisibilität, sowie auf den Ansatz der Prozeßkosten weitergehende Wirkungen hat, so sind diese nicht beabsichtigt und dem Sinne der Vorschrift zuwider. Bei der Trennungsanordnung nach Abs. 2 dagegen sind es gerade die weitergehenden Wirkungen auf den Umfang des materiellen Kompensationsrechtes, welche der Gesetzgeber erstrebt.

Um das Maß dieser Einwirkungen auf das materielle Kompensationsrecht handelt es sich im Grunde bei den Kontroversen, welche während der Geltung der §§ 136 Abs. 2, 274 bestanden, und deren eigentliche Fragen waren: Kommt ein Trennungsbeschluß nach § 136 Abs. 2 einer Herausweisung der Gegenforderung aus dem Prozeß und einer Verweisung *ad separatum* wie bei einem von mehreren Ansprüchen nach Abs. 1 gleich, sodaß es wegen der Gegenforderung einer neuen Klageerhebung bedarf, während das Urteil in dem „getrennten Prozesse“ über die Klageforderung diese ohne Rücksicht auf die Gegenforderung definitiv erledigt? Bedeutet auch der Erlaß eines „Teilurteils“ nach § 274 a. F. ein vollständiges Ausscheiden der Gegenforderung und eine definitive, nur im Wege der Rechtsmittel wieder zu beseitigende Entscheidung über die Klageforderung? Oder bleibt nicht vielmehr, sowohl bei der Trennung nach § 136 Abs. 2 als auch bei Erlaß des „Teilurteils“ nach § 274 ein Neben- oder Nachverfahren, in welchem das Kompensationsrecht des Beklagten berücksichtigt wird, anhängig, sodaß das Teilurteil durch eine Endentscheidung in dem Nachverfahren wieder aufgehoben werden kann; insbesondere ist: dabei auf das Teilurteil des § 274 die Analogie der §§ 502, 562 a. F. anwendbar?

Wie diese Fragen auch beantwortet werden, eine Einwirkung der Trennungsanordnung nach § 136, Abs. 2 und des „Teilurteils“ nach § 274 auf das Kompensationsrecht des Beklagten bleibt unverkennbar, denn sein Kompensationsrecht geht auf *potius non solvere quam repetere,* auf die Subtraktion von Gegenforderung und Klageforderung, welche auch durch eine nur vorläufige Zuerkennung der Klageforderung, die die Rückforderung des Gezahlten in demselben Prozesse ermöglicht, ausgeschlossen wird.[4] Immerhin ist aber die Lage des Kompensanten bei der Berücksichtigung seines Kompensationsrechts im selben Prozesse und bei einer nur vorläufigen Entscheidung über die Klageforderung grundverschieden von seiner Lage bei völliger Herausweisung seiner Gegenforderung und definitiver Klagezuerkennung. Der Unterschied springt in die Augen, wo der Beklagte *ex jure tertii* kompensiert und wo das materielle Recht die Gegenforderung zur Verteidigung, nicht aber zum Angriff zuläßt. So insbesondere, wenn der vom Cessionar verklagte *debitor cessus* seine Kompensationseinrede auf eine vor der Cession entstandene Forderung gegen den Cedenten stützt, oder der Bürge die Gegenforderung des Hauptschuldners geltend macht. Hier kommt die vollständige Herausweisung der Gegenforderung und die definitive Verurteilung des Beklagten einer Vernichtung seines Kompensationsrechts gleich, da er die herausgewiesene Forderung klageweise nicht geltend machen kann.[5]

Die Kontroversen, welche die Beantwortung der oben aufgeworfenen Fragen erstrebten, beruhen zum Teil auf Verschiedenheiten in der theoretischen Konstruktion des insbesondere im gemeinen Rechte vielumstrittenen Kompensationsrechtes; dies gilt zumal von der Theorie der Rechtshängigkeit der Kompensationseinrede. Hier kann es sich nur darum handeln, die verschiedenen Meinungen, denen gegenwärtig nur noch historischer Wert beizulegen ist, in ihren Konsequenzen für das Trennungsrecht nach § 136 Abs. 2 darzustellen.

Der Streit über die Auslegung der §§ 136 Abs. 2, 274 fand stete Nahrung in der anscheinend unvereinbaren Fassung der beiden Paragraphen. Während § 136 Abs. 2 bestimmte: „dasselbe“ (die in Abs. 1 statuierte Anordnung „getrennter Prozesse“), solle gelten, hieß es in § 274, daß bei Entscheidungs-

---

[4] Vergl. Liebknecht, Kompensationsvollzug S. 103.

[5] Siehe Liebknecht, Kompensationsvollzug S. 98; Dernburg, Pandekten Bd. 2 § 64 Anm. 7 S. 178, der mit Recht Seuffert (Kommentar, 4. Aufl. S. 182) Inkonsequenz vorwirft, wenn dieser in den genannten Fällen die Trennungsbefugnis nach § 136 Abs. 2 ausschließen will. Inkonsequent erscheint auch RG.-Entsch. Bd. 27 S. 296; vergl. Orgler, Beitrag S. 59.

reife der Klageforderung die Entscheidung über diese „unter Trennung der Verhandlungen durch Teilurteil“ erfolgen könne. Der Ausdruck „getrennte Prozesse“ in § 136 Abs. 2 deutet unabweisbar auf das Entstehen mehrerer Prozesse und auf Aufhebung der bisherigen Prozeßeinheit, wogegen der Ausdruck „Trennung der Verhandlungen“ in § 274 ebenso unabweislich für ein Fortgehen der Verhandlung und ein Fortdauern des Rechtstreites sprach; damit stimmte überein der Ausdruck „Teilurteil“, der gleichfalls der Annahme einer definitiven Endentscheidung widersprach und erkennen ließ, daß ein Teil unentschieden bleiben solle. Dabei war man sich auch von widerstreitenden theoretischen Standpunkten aus darüber einig, daß die beiden Bestimmungen einander korrespondierten und daß § 274 dasselbe bezwecke wie § 136 Abs. 2. Der Äußerung der Motive (S. 135), daß der sich lediglich auf den Fall der Geltendmachung der Gegenforderung durch Einrede beziehende § 274 eine unabweisliche Konsequenz des in § 136 Abs. 2 ausgesprochenen Grundsatzes sei, ist nirgends widersprochen worden. Eine große Anzahl Anhänger verschiedener Theorien waren daher der Meinung, daß die Differenz der Ausdrücke „getrennte Prozesse“ und „Trennung der Verhandlungen“ einer Ungenauigkeit zuzuschreiben und daß dieselben als synonym zu betrachten seien.[6] Die Interpretation kommt vielfach darauf hinaus, die eine der beiden Bestimmungen als die prinzipale anzusehen und den einen der beiden Ausdrücke, die an sich ja etwas Verschiedenes besagten, dem anderen unterzuordnen.[7]

---

[6] Siehe Petersen in Gruchot Bd. 30 S. 10, Seuffert, Kommentar, 4. Aufl. S. 361. „Die Ausdrücke müssen synonym sein, der Versuch, sie verschiedenartig zu deuten, mißlang“; Pfizer in Gruchot Bd. 32 S. 372, Wex in Gruchot Bd. 31 S. 269, 270. Schollmeyer, Compensationseinrede S. 148, 153, Geib, Theorie S. 166, Orgler, Beitrag S. 71 u. 72; vergl. auch RG.-Entsch. Bd. 16 S. 380.

[7] Freilich sind auch die Wirkungen des § 136 Abs. 2 und des § 274 von einigen Schriftstellern als verschieden hingestellt worden. Vergl. Struckmann-Koch, Kommentar, 6. Aufl. Bem. 5 zu § 136 S. 173. Fitting, Lehrbuch, 7. Aufl. S. 243, 371, Förster-Eccius, Preuß. Privatrecht S. 602 Anm. 66. Eine Aufzählung der Literatur nach dieser Richtung gibt Liebknecht, Kompensationsvollzug S. 111, 112 Anm. 20 bis 25.

Als Einteilungsprinzip für die verschiedenen Auffassungen ergibt sich für uns nicht sowohl die Verschiedenheit der theoretischen Grundauffassungen, als vielmehr das Resultat für die Wirkung der hier zu erörternden Trennungsanordnung. Es ist daher in erster Linie zu unterscheiden die Theorie, welche durch die Trennungsanordnung nach § 136 Abs. 2 eine vollständige Herausweisung der Kompensationseinrede aus dem Prozeß zu erneuter Klageanstellung erfolgen läßt von derjenigen, welche mit verschiedener Begründung die Notwendigkeit einer Klageerhebung wegen der Gegenforderung verneint. Innerhalb der letzteren sind wieder die Ansichten, welche als den Gegenstand des bei der Trennung anhängig bleibenden Verfahrens die Gegenforderung betrachten, von denjenigen, nach welchen die Kompensationseinrede, oder richtiger die Klageforderung in ihrer besonderen Richtung auf die Kompensation, den Gegenstand eines Nach- oder Nebenverfahrens bildet, zu unterscheiden. Die zuletzt genannte Unterscheidung fällt, wenigstens bei den Hauptvertretern, mit der Kontroverse zusammen, ob durch eine Trennung nach § 136 Abs. 2 a. F. die Einheit des Prozesses aufgehoben wird und über Klageforderung und Gegenforderung in „getrennten Prozessen" zu verhandeln ist, oder ob der Prozeß einheitlich bleiben und über die Kompensationseinrede in einem Neben- oder Nachverfahren verhandelt und unter analoger Anwendung der §§ 502, 562 a. F. entschieden werden solle.

§ 14

III. Die Streitfragen des § 136 Abs. 2 a. F.

1. Die Theorie der Herausweisung der Kompensation aus dem Prozesse zu neuer Klageerhebung.

Diejenige Ansicht, welche zufolge ihrer Einfachheit und anscheinenden Konsequenz zunächst den stärksten Einfluß erlangte, ist die Theorie, welche die Trennungsanordnung nach § 136 Abs. 2 der gemeinrechtlichen Verweisung *ad separatum* zu erneuter Klaganstrengung gleichbedeutend betrachtete. Ihr Hauptverfechter ist Petersen, der unmittelbar nach dem Inkrafttreten der CPO.

in einem gegen die Theorie, daß durch die Kompensationseinrede Rechtshängigkeit begründet werde, gerichteten Aufsatze behauptete, falls von der Befugnis des § 136 Abs. 2 Gebrauch gemacht worden, sei bezüglich der Gegenforderung überhaupt kein Prozeß anhängig; es müsse, wenn dieselbe gerichtlich geltend gemacht werden solle, besondere Klage erhoben werden. PETERSEN hat diese Meinung in drei weiteren, vorwiegend gegen SCHOLLMEYER gerichteten Abhandlungen näher ausgeführt und begründet.[1]

Daß bei dieser Auffassung der Beklagte sein Kompensationsrecht verliert, giebt PETERSEN unumwunden zu. „Er muß es sich gefallen lassen, daß über die Hauptforderung ganz ebenso verhandelt und entschieden wird, als wenn eine Gegenforderung gar nicht geltend gemacht wird“.[2] Eine Realisierung seiner Gegenforderung kann der Beklagte nach PETERSEN nur dadurch erreichen, daß er wegen derselben Klage erhebt. Sofern es ihm gelingt, eine rechtskräftige Entscheidung über die Gegenforderung früher zu erlangen, als eine solche bezüglich der Hauptforderung ergeht, kann er die nun festgestellte Gegenforderung im Prozeß über die Hauptforderung zur Aufrechnung verwenden, gelingt ihm dies erst später, so kann er noch im Stadium der Zwangsvollstreckung kompensieren und sich nötigenfalls durch Anstrengung einer Klage nach § 686 a. F. behelfen.[3] Im Fall der Beklagte, bevor er eine Entscheidung über die Gegenforderung herbeigeführt hat, bereits zur Zahlung gezwungen worden ist, steht ihm nach dem bürgerlichen Recht eine *condictio indebiti* auf das Gezahlte zu.[4] Eben diese Einwirkung auf das materielle Kompensationsrecht, meint PETERSEN, habe der Gesetzgeber gewollt, er habe

---

[1] Vergl. BUSCH Bd. 1 S. 93 ff.; Bd. 4 S. 293 ff.; GRUCHOT Bd. 30 S. 535ff.; Bd. 31 S. 1 ff.

[2] BUSCH Bd. 4 S. 304.

[3] Vergl. BUSCH Bd. 4 S. 303, Note 6; GRUCHOT Bd. 30 S. 13, 31, 575, wo PETERSEN der Ansicht Ausdruck gibt, daß einer Klage nach § 686 Abs. 2 a. F. nichts im Wege stehe, weil die Kompensationseinrede in dem Prozeß über die Hauptforderung eben infolge der angeordneten Trennung nicht mehr geltend gemacht werden konnte und die Befugnis zur Aufrechnung erst später wirksam geworden sei. Allenfalls will PETERSEN die analoge Anwendung des § 686 Abs. 1 zulassen.

[4] GRUCHOT Bd. 31 S. 574, 575.

mit § 136 Abs. 2 die gemeinrechtliche Verweisung *ad separatum* beibehalten wollen. Das ergebe sich aus dem Wortlaute, denn die in § 136 Abs. 1 vorgesehene Trennung hebe unzweifelhaft die Einheit des Prozesses auf, und da bezüglich Abs. 2 dasselbe gelten solle, so müsse auch hier eine Anordnung getrennter Prozesse stattfinden. Hätte der Gesetzgeber nur eine Trennung der Verhandlungen zulassen wollen, so hätte für diesen Zweck § 137 genügt.[5] Die „mehreren Ansprüche", deren Abs. 1 Erwähnung tut, seien bei Abs. 2 in der Klagforderung einerseits und der Gegenforderung andererseits zu erblicken.[6] Was den in § 274 gebrauchten Ausdruck „Teilurteil" anlangt, so führt ihn PETERSEN auf eine ungenaue Fassung oder auf ein Redaktionsversehen zurück. Die Bezeichnung „Teilurteil" stamme aus dem Entwurfe des Justizministeriums (§ 248), nach welchem (§ 229) die Kompensationseinrede Rechtshängigkeit begründen sollte. Es sei nur übersehen worden, daß mit dem Wegfall dieser letzteren Bestimmung der Ausdruck „Teilurteil" nicht mehr passe. Auch die Wendung „Trennung der Verhandlungen" sei einer Ungenauigkeit der Fassung zuzuschreiben.[7]

Der Ansicht PETERSENS folgt SEUFFERT, der jedoch, wie bereits hervorgehoben, bezüglich der Kompensationseinrede des *debitor cessus* eine willkürliche Ausnahme macht.[8] Dieselbe Meinung vertritt eine Reihe der älteren Kommentatoren, so BÜLOW[9] und FÖRSTER.[10] Auch ECCIUS und OETKER sind der von PETERSEN vertretenen Ansicht, ersterer weicht jedoch insofern von ihm ab, als er zwar eine vollständige Ausweisung der Gegenforderung zu neuer Klaganstellung für § 136 Abs. 2 annimmt, dem „Teilurteile" nach § 274 aber nur die Wirkung eines Vorbehaltsurteiles nach Analogie der §§ 503, 563 a. F. zuschreibt.[11] LIPPMANN, dessen

---

[5] Vergl. BUSCH Bd. 4 S. 306, GRUCHOT Bd. 30 S. 9 u. 13.

[6] GRUCHOT Bd. 30 S. 10; ebenso die Motive S. 135, HAHN I S. 216.

[7] Vergl. GRUCHOT Bd. 30 S. 26, Bd. 31 S. 578 ff.

[8] Kommentar 4. Aufl. S. 180 (vergl. oben § 13 Anm. 5) und in Kritische Vierteljahrsschrift Bd. 8 S. 476.

[9] Note 7 zu § 136, Note 2 zu §§ 273/274. 2. Aufl. S. 91, 200.

[10] Bd. 1 S. 229, 494 Bem. 5c zu § 136, Bem. 3 zu § 274.

[11] Vergl. ECCIUS, Preuß. PR. S. 602 Anm. 66; OETKER, Konkursrechtliche Grundbegriffe Bd. 1 S. 250, Anm. 4, läßt das Urteil nach § 274 über

Ansicht unter den Theorien über die Rechtshängigkeit der Gegenforderung eine Sonderstellung einnimmt, da er nur eine materielle, nicht eine prozessuale Rechtshängigkeit der kompensationsweise geltend gemachten Gegenforderung annimmt und der die Begründung der Rechtshängigkeit nur durch schriftliche Klagerhebung eintreten läßt, ist gleichfalls als Anhänger PETERSENS zu nennen. Das Neue der Bestimmung des § 136 Abs. 2 liegt für ihn lediglich darin, daß die Verweisung *ad separatum* nicht wie im gemeinen Rechte nur durch Urteil, sondern auch durch Beschluß angeordnet werden kann.[12]

Auch das Reichsgericht hat sich nach konsequenter Verneinung einer Rechtshängigkeit der Kompensationseinrede[13] der PETERSEN'schen Theorie angeschlossen. Das Urteil des II. Civilsenats vom 11. Mai 1886 (Entsch. Bd. 16 S. 372 ff.) spricht aus, daß ein Urteil nach § 274 keinen Vorbehalt über die Gegenforderung enthalten könne, vielmehr den Prozeß definitiv erledige. Die Begründung scheint vollständig den PETERSEN'schen Ausführungen entnommen. Hervorzuheben ist, daß das genannte Reichsgerichtsurteil mit besonderer Betonung auf den Zusammenhang zwischen den §§ 136 Abs. 2 und 274 hinweist; „Was von demjenigen Endurteile gilt, das nach der gemäß § 136 Abs. 2 angeordneten Trennung bezüglich der Hauptforderung ergangen ist, muß auch von dem auf Grund des § 274 erlassenen, auf diese Forderung bezüglichen Urteile gelten“ (S. 383). Das erstere sei aber, wie der Ausdruck „getrennte Prozesse“ sage, ein endgiltiges. Das Reichsgericht sieht sonach die Bestimmung des § 136 Abs. 2 als die principale an und beseitigt die Ungleichheit der Fassungen mit den PETERSEN'schen Argumenten über die Entstehung des Ausdrucks „Teilurteil“ zu Gunsten der ersteren Bestimmung.

Der Ansicht des Reichsgerichts ist die Praxis zum großen Teile lange Zeit gefolgt.[14]

die Klagforderung als solche, ein zweites nachfolgendes Urteil über „die Klagforderung in ihrem Beeinflußtsein durch die Gegenforderung“, jedoch unabhängig von dem ersteren, entscheiden.

[12] Vergl. Arch. für Civ. Praxis Bd. 64 S. 358 und BUSCH Bd. 13 S. 88.

[13] Vergl. z. B. Entsch. Bd. 6 S. 420 ff.

[14] Vergl. u. a. OLG. Dresden vom 10. Jan. 1889 in WENGLERS Arch. Nr. I Bd. 10 S. 146 ff.

2. Theorien, nach welchen eine neue Klagerhebung bezüglich der Gegenforderung nicht erforderlich ist.

§ 15.

A. Nach Erlass eines Trennungsbeschlusses gemäß § 136 Abs. 2 bleibt die Gegenforderung in einem „getrennten Prozesse" anhängig.

Um der aus der Ansicht PETERSENS sich ergebenden Konsequenz der völligen Vereitelung des Kompensationsrechts zu entgehen, sind verschiedene Theorien aufgestellt worden.

Die eine kommt zu dem Resultate, die Wirkung einer Anordnung nach § 136 Abs. 2 bestehe darin, daß über Klagforderung und Gegenforderung in zwei selbständigen „getrennten Prozessen" verhandelt werde. Ihr liegt die bereits mehrerwähnte Ansicht zu Grunde, daß durch die Kompensationseinrede Rechtshängigkeit der mit ihr geltend gemachten Gegenforderung begründet werde. Die Theorie von der Rechtshängigkeit der Gegenforderung nimmt, obwohl sie keineswegs ausschließlich für die Anwendung der §§ 136 Abs. 2, 274 a. F. und für diese nicht von ausschlaggebender Bedeutung ist, dennoch in dem Streite über die Wirkung unserer Bestimmung den breitesten Raum ein.[1] Sie wird vornehmlich von SCHOLLMEYER in seinem mehrgenannten Buche über die Kompensationseinrede vertreten.[2] SCHOLLMEYER geht davon aus, daß die Kompensationseinrede kein reines Verteidigungsmittel (S. 5, 6) und daß die Folge ihrer Erhebung im Prozesse die Rechtshängigkeit der durch sie geltend gemachten Gegenforderung sei (S. 10). Letzteres sucht SCHOLLMEYER aus dem Absatz 2 des § 293 a. F. zu erweisen, wobei er (S. 10, 11) unterstellt, daß die Begriffe der Rechtshängigkeit und der Rechtskraftsfähigkeit als einander durchaus korrespondierend aufgefaßt werden müssen. Als weiteres Argument dient SCHOLLMEYER der § 254 a. F., welcher neben § 235 a. F. den Eintritt der

[1] Auch die Kommentatoren besprechen die Rechtshängigkeit der Kompensationseinrede vorwiegend bei den §§ 136, 274 a. F. statt, wie zu erwarten wäre, bei dem die *sedes materiae* bildenden § 230 a. F.

[2] Vergl. dazu den gegen PETERSEN gerichteten Aufsatz SCHOLLMEYERS in GRUCHOT Bd. 31 S. 222 ff.

Rechtshängigkeit betreffe, denn in § 235 sei, wie gerade die Bestimmung des § 254 beweise, die Materie der Rechtshängigkeit nicht erschöpfend erledigt (S. 23, 24). Aus dem Zusammenhang zwischen § 293 und 254 a. F. sei daher der Eintritt der Rechtshängigkeit der Gegenforderung durch die Kompensationseinrede zu folgern.[3] Auch der § 274 a. F. ist nach SCHOLLMEYERS Ansicht für die Rechtshängigkeit der Gegenforderung beweisend, da der Ausdruck „Teilurteil" besage, daß „ein noch nicht entscheidungsreifer Teil" des Streitgegenstandes noch anhängig sein müsse (S. 22). Auf die durch die Kompensationseinrede begründete Rechtshängigkeit der Gegenforderung, welche SCHOLLMEYER, entsprechend dem eventuellen Charakter der Kompensationseinrede, eine resolutiv bedingte nennt (S. 19, 97), baut er den Begriff einer „unentwickelten Widerklage" auf (S. 26), welche in der Kompensationseinrede liegen soll, ein, wie er es selbst nennt, (S. 175) „durchaus zwitterhaftes Gebilde".[4] Vermöge der zwischen Verteidigungmittel und selbständigem Angriffsmittel schwebenden Natur der Kompensationseinrede liegt nach SCHOLLMEYER in ihrer Erhebung ohne weiteres ein Antrag auf Feststellung des Bestehens der Gegenforderung zu dem Betrage, mit welchem aufgerechnet werden soll, woraus folge, „daß mit der ordnungsmäßigen Geltendmachung einer Kompensationseinrede zugleich die Erhebung einer Widerklage (und zwar einer Inzidentfeststellungswiderklage) verbunden" sei (S. 28). Auf die „unentwickelte Widerklage" wendet nun SCHOLLMEYER teils die Grundsätze über die Widerklage, teils die Grundsätze über die Einrede an. So kann z. B. (trotz § 558 a. F.) die unentwickelte Widerklage im Urkundenprozesse erhoben werden (S. 39, 40), während andererseits die §§ 247 und 248 a. F. auf die unentwickelte Widerklage „analoge Anwendung" finden sollen (S. 43). Nach SCHOLLMEYER ist es unzulässig (S. 52) wegen eines bereits durch Klage, Widerklage, Inzidentklage oder auch „unentwickelter Widerklage" geltend gemachten Anspruchs noch einmal eine unentwickelte Widerklage

[3] Siehe GRUCHOT Bd. 31 S. 237, 238. Vergl. Motive zur CPO. S. 187, 189, HAHN Bd. I S. 257, 259.

[4] Vergl. dazu GRUCHOT Bd. 31 S. 247, wo SCHOLLMEYER auf diese Bezeichnung kein Gewicht zu legen erklärt.

zu erheben. Um aber andererseits gleich den Motiven[5] die Möglichkeit, mit rechtshängigen Forderungen zu kompensieren, zu wahren, nimmt SCHOLLMEYER die Kompensation mit rechtshängigen Forderungen von seiner Theorie aus. Hier soll weder Rechtshängigkeit eintreten, noch eine „unentwickelte Widerklage", sondern nur ein reines Verteidigungsmittel vorliegen (S. 174), weil der Kompensant hier die Gegenforderung nicht mit der Tendenz rechtskräftiger Entscheidung geltend mache, sondern „nur Tilgung der Klagforderung durch die in einem anderen Prozesse rechtshängig gewordene und noch rechtskräftig festzustellende Gegenforderung" verlange.[6] Es ist daher allerdings konsequent, wenn SCHOLLMEYER für die Kompensation mit rechtshängigen Forderungen die Anwendung des § 136 Abs. 2 einfach ausschließt.[7] In allen anderen Fällen aber soll die Trennungsanordnung nach § 136 Abs. 2 die Wirkung haben, daß die Gegenforderung den Gegenstand eines gesonderten Prozesses bilde (S. 145) und daß demzufolge eine „größere Selbständigkeit der unentwickelten Widerklage" und die Beseitigung ihrer bisherigen Abhängigkeit von der Kompensationseinrede eintrete. Nach der Trennung soll ohne Rücksicht auf die Klagforderung der Prozeß über die Gegenforderung durch alle Instanzen geführt werden können; denn: da aus „274 gefolgert werden müsse, daß nach Erlaß des Teilurteils" der eine Teil durchaus gleichberechtigt mit dem anderen sei, müsse bei dem Zusammenhange dieser Bestimmung mit dem § 136 Abs. 2 auch der Schluß gerechtfertigt sein, „daß auch im Fall der Trennung gemäß § 136 Abs. 2 beide Prozesse einander gleichwertig gegenüber stehen".[8] Aus dieser Selbständigkeit des Prozesses über die Gegenforderung, in welchem der

---

[5] Siehe oben Anm. 3.

[6] Vergl. GRUCHOT Bd. 31 S. 231, vergl. S. 227.

[7] GRUCHOT Bd. 31 S. 231.

[8] Vergl. dagegen GRUCHOT Bd. 31 S. 234, 235, wo sich SCHOLLMEYER mit diesen Ausführungen in Widerspruch setzt, indem er hier zwischen den Wirkungen der Trennungsanordnung nach § 136 Abs. 2 und des „Teilurteils" nach § 274 einen Unterschied macht; durch ein Teilurteil nach § 274 soll die Einheit des über Klagforderung und Gegenforderung schwebenden Prozesses nicht zerstört werden; dagegen zutreffend PETERSEN in GRUCHOT Bd. 30 S. 26 und Bd. 31 S. 579.

bisherige Beklagte und Kompensant als Kläger erscheint, soll u. A. auch folgen (S. 152), daß nach der Trennung über die Gegenforderung ein über den Grund vorabentscheidendes Urteil gemäß § 276 a. F. möglich sei,[9] wogegen in dem neuen Prozesse die Gegenforderung immer noch nur *pro concurrente summa*, nicht in voller Höhe entschieden wird (S. 137). Die wichtigste Konsequenz der Trennung soll aber sein, daß nach derselben der Kompensant Realiesirung seiner Forderung nicht mehr durch die Aufrechnung, sondern durch Leistung verlange, weshalb es ihm freistehe, in Gemäßheit des § 240 Nr. 2 a. F. den in der Kompensationseinrede liegenden Antrag auf Feststellung des Bestehens der Gegenforderung — der nach der Trennung zu einem selbständigen Feststellungswiderklagantrage werden soll — in einen Antrag auf Verurteilung zu verwandeln (S. 157). Alles dies, um den Kompensanten dafür „zu entschädigen" (S. 154, 155), daß er durch die Bestimmungen des § 136 Abs. 2 und 274 in seinem Kompensationsrecht geschmälert werde.

Die Schollmeyer'sche Theorie, von Petersen wirksam bekämpft, hat mit ihrer künstlichen Konstruktion der „unentwickelten Widerklage" wenig Anklang gefunden.

Noch weiter in derselben Richtung wie Schollmeyer geht Osann,[10] der mit denselben Argumenten ebenfalls Rechtshängigkeit der Gegenforderung annimmt und daraus folgert, daß in der Kompensationseinrede nicht nur eine unentwickelte, sondern eine entwickelte Widerklage liege. Für Osann hat die CPO. die Erhebung der Kompensationseinrede der klageweisen Geltendmachung von Ansprüchen gleichgestellt und es enthält die Kompensationseinrede zwei Widerklaganträge, einen auf Feststellung der Gegenforderung und einen zweiten auf Realisierung der Aufrechnung, welch letzterer sich nach Anwendung der §§ 136 Abs. 2 und 274 a. F. ohne weiteres in einen auf die Leistung der Gegenforderung gerichteten selbständigen Widerklagantrag verwandelt. Daher beginnt auch nach Osann von der Trennungsanordnung des

[9] Vergl. dagegen RG.-Entsch. Bd. 6 S. 420 ff., wo dies mit Recht abgelehnt wird.

[10] Beiträge zur Behandlung der Kompensationseinrede etc.

§ 136 Abs. 2 an ein selbständiger Prozeß über die Gegenforderung mit vertauschten Parteirollen.[11]

Als Anhänger SCHOLLMEYERS ist ferner HELLMANN zu nennen.[12] Auch nach ihm wird in dem getrennten Prozesse „lediglich über das Bestehen der Gegenforderung entschieden, wie wenn eine Feststellungsklage erhoben wäre". Eine analoge Anwendung der §§ 503 und 563 a. F. auf das über die Klageforderung ergehende Urteil wird abgelehnt, es handelt sich um zwei selbständige Prozesse mit vertauschten Parteirollen: eine Änderung des Antrags auf Feststellung der Gegenforderung in einen Antrag auf Leistung von deren Betrag, ist nach HELLMANN zulässig.

In diesen Zusammenhang dürften auch die Ausführungen von WEX[13] gehören, wiewohl dieser im Gegensatz zu den Vorgenannten nach der Trennung eine Änderung der Parteirollen nicht eintreten läßt, und den Streit darüber, was den Gegenstand des getrennten Prozesses bildet, für müssig erklärt.[14] Jedoch läßt auch WEX in einem „gesonderten Prozesse" die Klagforderung ohne analoge Anwendung der §§ 503, 563 definitiv entschieden werden; und das später in dem Prozesse über die Gegenforderung ergehende Urteil vermag nach WEX die Wirkung des über die Klagforderung ergehenden Urteils nicht zu beseitigen, es kann nur das Begründetsein der Gegenforderung feststellen und allenfalls den Beklagten für berechtigt erklären, mit seiner Gegenforderung gegen die dem Kläger durch das früher ergangene Urteil bereits zugesprochene Klagforderung aufzurechnen. Zur Zahlung kann der Kompensant nicht verurteilt werden, auch wenn er auf Grund des ersten Urteils bereits Zahlung geleistet hat. Im letzteren Falle soll der Nachprozeß „gegenstandslos" werden, was sich

---

[11] a. a. O. S. 4 ff. 18, 20, 21, 22. Vergl. dagegen STÖLZEL, Schulung Bd. 2 S. 88. LIEBKNECHT, Kompensationsvollzug S. 99.

[12] Lehrbuch S. 459 ff.; vergl. S. 402.

[13] In GRUCHOT Bd. 31 S. 248 ff.

[14] a. a. O. S. 269: „Sowohl die Einrede als die Gegenforderung oder vielmehr beide vereint sind Gegenstand des Prozesses, es wird über die als Kompensationseinrede vorgebrachte Gegenforderung gestritten", — eine Äußerung, die ohne nähere Begründung als unverständlich bezeichnet werden muß; vergl. LIEBKNECHT, Kompensationsvollzug S. 109 Anm. 8.

jedoch der Kompensant selbst zuzuschreiben habe, wenn er von seinem Rechte, die Einrede in eine Widerklage umzuwandeln, keinen Gebrauch gemacht hat.[15]

§ 16.

B. Nach der Trennung gemäß § 136 Abs. 2 und dem Erlaß eines „Teilurteils" gemäß § 274 a. F. bleibt die Kompensationseinrede bezw. die Klagforderung in demselben Prozesse anhängig; auf das Urteil über die Klagforderung sind die §§ 503, 563 a. F. analog anzuwenden.

Die im letzten Paragraphen genannten Schriftsteller, abgesehen von Wex, sind darüber einig, daß die Gegenforderung den Streitgegenstand eines abgesonderten Prozesses bilde, und daß die Klagforderung durch das über sie ergehende Urteil definitiv erledigt werde. Die Mehrzahl der Schriftsteller, welche eine neue Klagerhebung bei der Trennungsanordnung nach § 136 Abs. 2 vermieden wissen wollen, vertritt dagegen mit verschiedener Begründung und Ausgestaltung die in der Überschrift gekennzeichnete Ansicht.

Unterschiede bestehen einmal in der Bezeichnung dessen, was nach einer Trennungsanordnung gemäß § 136 Abs. 2 oder einem Urteil gemäß § 274 anhängig bleibt. Von einer Ansicht, so von Dernburg[1] und vom Reichsgericht[2] wird die Kompensationseinrede als das, was nach der Trennung anhängig bleibt, bezeichnet, von einer anderen der „Kompensationsanspruch", so Planck[3] und Gaupp;[4] wieder andere benennen die Klagforderung oder „die Klagforderung hinsichtlich des Aufhebungsgrundes der Kompensation" oder die „Klagforderung in ihrem Afficiertsein durch die Kompensationseinrede" als den Gegenstand der weiteren

---

[15] Wex a. a. O. S. 273, 274.

[1] Pandekten Bd. II S. 177.

[2] Entsch. Bd. 31 S. 7.

[3] Lehrbuch Bd. II S. 438.

[4] Kommentar 3. Aufl. S. 331 Bem. 2, b zu § 136.

Verhandlung, so Stölzel,[5] Wilmowski-Levy,[6] Liebknecht[7] und Geib.[8]

Weitere Unterschiede sind zu verzeichnen hinsichtlich der Begründung, mit welcher die hier zu nennenden Schriftsteller als gemeinsames Resultat gewinnen: eine Zuerkennung der Klagforderung darf nicht als definitive, sondern nur unter Vorbehalt, analog den Urteilen der §§ 503, 563 a. F. ergehen.

Wir unterscheiden drei Gruppen: Einigen dient die Annahme der Rechtshängigkeit einer durch Kompensationseinrede geltend gemachten Gegenforderung zur Begründung; so Gaupp,[9] der den im Vorschützen der Kompensationseinrede enthaltenen Antrag, „daß die Gegenforderung *pro concurrente summa* festgestellt und aufgerechnet werde", zufolge Fortdauer der Rechtshängigkeit nach der Trennung „zur selbständigen Geltung" kommen läßt und insofern Schollmeyer nahe steht, als er annimmt, der Kompensationsanspruch werde von der Trennung an „zu einem Anspruch auf Feststellung der Aufrechnungsbefugnis des Beklagten bezw. auf Feststellung des Rechtsbestehens der Forderung des Kompensanten wegen vollzogener Aufrechnung". Einen Wechsel in den Parteirollen läßt Gaupp nur dann eintreten, wenn das Urteil über die Klagforderung bereits vollstreckt ist, in welchem Falle der Beklagte und „jetzige Kompensationskläger" berechtigt sei, nach § 240 Abs. 3 a. F. Erstattung des auf Grund des ersten Urteils Bezahlten zu verlangen. Das über die Klagforderungen ergangene Urteil kann nach Gaupp durch ein früheres Urteil im Prozeß über die Gegenforderung außer Wirkung gesetzt werden, weil das erstere „infolge der fortdauernden Rechtshängigkeit der Kompensationseinrede nur als ein vorläufiges, durch die Entscheidung über die letztere in seiner Wirksamkeit rechtlich bedingtes" erscheine. Doch sei als weitere Annäherung Gaupps an Schollmeyers Theorie hervorgehoben, daß Gaupp von einem „anderen Prozesse" über die Gegenforderung spricht und daß er,

---

[5] Schulung, Bd. II S. 57.

[6] Kommentar I S. 240.

[7] Kompensationsvollzug S. 87 ff., 108, 109.

[8] Theorie S. 165.

[9] Kommentar a. a. O.; siehe Anm. 4.

wie das auch seine Annahme des Wechsels der Parteirollen erkennen läßt, eine Aufhebung der Prozeßeinheit durch die Trennungsanordnung nach § 136 Abs. 2 annimmt. [10]

Lediglich auf Grund der Rechtshängigkeit der Gegenforderung scheint auch PLANCK zu einer analogen Anwendung der §§ 502, 563 zu kommen. [11] Weiter dürfte UDE [12] hier zu nennen sein. Erwähnenswert ist das Urteil des OLG. Karlsruhe vom 26. März 1884, [13] in welchem angenommen wird, daß das Gericht durch den Beschluß der Trennung die Rechtshängigkeit der Kompensationseinrede begründen könne, ebenso wie im Falle des § 503 Abs. 1 eine Rechtshängigkeit kraft besonderer Bestimmungen bestehe. [14]

An zweiter Stelle sind diejenigen zu nennen, welche dadurch zu einer Weiterverhandlung über das Kompensationsvorbringen bei Fortbestehen der Einheit des Prozesses nach der Trennung gemäß § 136 Abs. 2 gelangen, daß sie auch der Trennungsanordnung des § 136 Abs. 1 keine die bisherige Einheit des Rechtsstreites zerstörende Wirkung beimessen. Als solche sind oben in § 5 PFIZER, FITTING und ORGLER aufgeführt worden, von denen die beiden letztgenannten auch die analoge Anwendung der §§ 503, 563 a. F. auf das die Klagforderung zuerkennende Urteil zulassen wollen. [15]

Die dritte und zahlreichste Gruppe bilden diejenigen, welche die Fortdauer einer Verhandlung über die Kompensationseinrede und eine analoge Anwendung der §§ 502, 562 nicht aus der Rechtshängigkeit der Gegenforderung, sondern ausschließlich aus dem Zweck, der Geschichte und dem Zusammenhange der Bestimmungen in §§ 136 Abs. 2, 274 a. F. herleiten.

---

[10] Über GAUPP zutreffend LIEBKNECHT, Kompensationsvollzug S. 109.

[11] Vergl. Lehrbuch Bd. 1 S. 263, 271, Bd. II S. 438.

[12] In BUSCH Bd. 5 S. 330.

[13] In SEUFFERTS Arch. Bd. 40 S. 456, 457.

[14] Vergl. auch RG.-Urteil vom 20. Mai 1887, Entsch. 18 S. 408, wo in Betracht gezogen wird, daß der Kompensationsanspruch von der Trennung an als widerklagend erhoben zu behandeln sei, und als solcher Rechtshängigkeit bewirke.

[15] Vergl. FITTING, Lehrbuch, 7. Aufl. S. 318 Anm. 19, ORGLER, Beitrag S. 67 ff., 75.

Wilmowski und Levy [16] haben diese Ansicht wohl zuerst des Näheren entwickelt. Sie fußen darauf, daß die genannten Bestimmungen keine civilrechtliche Norm enthalten und daß ihnen keinesfalls die Wirkung einer vollständigen Beseitigung des materiellen Kompensationsrechts beigemessen werden dürfe. Der Streitgegenstand müsse daher trotz des Ausdruckes „getrennte Prozesse" in § 136 Abs. 1 ein einheitlicher bleiben, der erst durch ein auf die erste, die Klagforderung unter Vorbehalt analog §§ 503, 563 a. F. zusprechende Entscheidung folgendes, zweites Urteil entgültig erledigt werde. Die gleiche Argumentation findet sich bei Kohler, der das Wesen der Vorbehaltsurteile und die Zugehörigkeit des Urteils nach § 274 zu dieser Kategorie eingehend erörtert, [17] und der zwar die Rechtshängigkeit der kompensationsweise geltend gemachten Gegenforderung ähnlich wie Schollmeyer konstruiert, [18] ihr jedoch für die Frage der Wirkung des § 136 Abs. 2 keine Bedeutung zuschreibt. Er erklärt den § 274 a. F. für die prinzipale Bestimmung und folgert aus ihrem Zusammenhange mit § 136 Abs 2, daß auch nach dem Trennungsbeschluß über die Klagforderung kein anderes Urteil ergehen könne, als das in § 274 bestimmte. [19]

Auch Wach [20] bejaht die Frage nach der analogen Anwendung der §§ 503, 563 auf das „Teilurteil" des § 274 a. F.

---

[16] Siehe Anm. 6.

[17] Vergl. Prozeß als Rechtsverhältnis S. 77, 78, 111, 137.

[18] In Busch, Bd. 20 S. 26 ff.

[19] a. a. O. S. 53.

[20] der, unter Berufung auf Vorträge 1. Aufl. S. 104, 105, Handb. S. 537 Anm. 13 vielfach irrig zu der erstgenannten Gruppe (so von Gaupp, Kommentar 3. Aufl. S. 331 Anm. 52) und durchweg zu den Anhängern der Rechtshängigkeitstheorie (so z. B. von Schollmeyer in Gruchot, Bd. 31 S. 222, Geib, Theorie S. 153 Note 102) gezählt wird. Dieser Zurechnung liegt die unzutreffende Konstruktion eines Zusammenhanges zwischen der Frage der prozessualen Rechtshängigkeit der Gegenforderung und der aus der materiellen Natur der Kompensation folgenden, in § 283 Abs. 2 a. F. zum Ausdruck gebrachten Annahme zu Grunde, daß mit der Kompensationseinrede ein „Anspruch auf Realisierung der Gegenforderung" geltend gemacht wird; doch erfolgt auch nach Wach diese Geltendmachung formell zur Verteidigung, nicht zum Angriff. (Vergl. Wach, Vorträge 2. Aufl. S. 110, 111 Anm. und neuerdings in Busch, Bd. 27 S. 15. Vergl. auch Geib a. a. O. S. 156, der

und erklärt sie als unabhängig von der Frage nach der Rechtshängigkeit der Gegenforderung.[21] Weiter stützt sich DERNBURG[22] darauf, daß die CPO. nur prozessuale Vorschriften gebe und durch diese das materielle Kompensationsrecht nicht zerstören könne. Ebenso sagt STÖLZEL, daß die §§ 136 Abs. 2, 274 nicht nur formell, sondern auch inhaltlich eine Neuerung gegenüber der gemeinrechtlichen Verweisung *ad separatum* darstellen, und daß die Anordnung nach § 136 Abs. 2 eine Verweisung der Kompensationseinrede in eine gesonderte Abteilung desselben Prozesses bedeute. Er meint, es liege nur eine unglückliche Wortfassung vor, wenn die CPO. nicht „wie an anderen Stellen auch in § 136 von getrennten Verhandlungen desselben Prozesses“ statt von „getrennten Prozessen“ rede.[23]

Am ausführlichsten und wirksamsten wird die hier zu charakterisierende Auffassung vertreten durch das Reichsgericht in der oft genannten Entscheidung der vereinigten Civilsenate vom 10. April 1893 (Entsch. Bd. 31 S. 1 ff.), nachdem sich zuvor der zweite Civilsenat in einem Urteile vom 13. Nov. 1885 (Entsch. Bd. 15 S. 376 ff.) in gleichem, hingegen in der oben in § 14 angeführten Entscheidung im entgegengesetzten Sinne ausgesprochen hatte. Das Reichsgericht sucht in der Begründung jener Entscheidung den Zweck der in Frage stehenden Bestimmungen mit ihrem Wortlaut und Zusammenhang in Einklang zu bringen. Auch wenn man die Fassung „dasselbe gilt“ wörtlich nehme, so folge, gerade, weil in getrennten Prozessen verhandelt werden solle, das keinesfalls bei einer Trennungsanordnung die Herausweisung, d. h. die Nichtverhandlung der Gegenforderungen eintreten dürfe (S. 4). Unter Bezugnahme auf die Protokolle der norddeutschen Kommission S. 1964, 1965 wird aus der Entstehungsgeschichte der §§ 136 Abs. 2, 274 dargelegt, daß eine Vernichtung des materiellen Kompensationsrechts durch dieselben

---

zutreffend hervorhebt, daß der in der Kompensationseinrede liegende „Anspruch auf Realisierung“ lediglich zum Zweck der Defension vorgebracht werde.

[21] Vergl. WACH, Vorträge, 2. Aufl. S. 110, 111.

[22] PANDEKTEN, Bd. II S. 177.

[23] Vergl. STÖLZEL, Schulung S. 51, 52 ff. 57.

ausgeschlossen sei. Denn die Herausweisung der Gegenforderung aus dem Prozesses komme einer Vernichtung des Kompensationsrechts gleich, da der Beklagte sich nicht, wie insbesondere PETERSEN meint, der Hilfe des § 686 a. F. bedienen könne.[24] Dem widerspreche gerade die Annahme, daß die Klagforderung durch das darüber ergangene Urteil endgiltig zugesprochen sei. Zu der vom Gesetz gewollten Fortdauer der Aufrechnungsbefugnis könne man nur gelangen, wenn man die im Prozeß vorgeschützte Kompensationseinrede trotz der richterlichen Trennungsanordnung als fortbestehend ansehe und die Bestimmungen in §§ 502, 503, 562, 563 a. F. analog zur Anwendung bringe, ohne daß es eines ausdrücklichen Vorbehalts, welcher dem Beklagten die Verfolgung der Kompensationseinrede gestatte, bedürfe.

Diese durchaus als zutreffend zu bezeichnende Entscheidung hat den Streit über die Wirkung der alten §§ 136 Abs. 2, 274 jedenfalls für dic Praxis beendet.[25] Aber auch die Mehrzahl der neueren Schriftsteller schließt sich ihr an. So neben den bereits Genannten GEIB und LIEBKNECHT, von denen der erstere ein Gegner der Annahme einer durch Kompensationseinrede begründeten Rechtshängigkeit der Gegenforderung ist, während der letztere sie verficht.[26] Auch PETERSEN legt den Standpunkt des Reichsgerichts seinen späteren Ausführungen über die in Rede stehenden Bestimmungen zu Grunde, freilich nicht ohne die Behauptung, das Reichsgericht habe die Frage durchgeschnitten, nicht gelöst.[27]

---

[24] Vergl. PETERSEN in GRUCHOT, Bd. 31 S. 574, 575; RG.-Entsch. Bd. 16 S. 364.

[25] Vergl. RG.-Urteil vom 14. Okt. 1897, JW. 97 S. 563; Bayr. OLG.-Urteil vom 30. Okt. 1893, SEUFFERTS Arch. Bd. 49 S. 351; OLG. Kiel, Urteil vom 2. Juli 1894, SEUFFERTS Arch. Bd. 52 S. 212 ff. Das letztgenannte Urteil geht über die Entscheidung der VCS. des RG. hinaus, indem es für den Tenor des Vorbehaltsurteils den Zusatz erforderlich erachtet, daß die von dem Kläger zu bestellende Sicherheit bis zur rechtskräftigen Entscheidung über die Kompensationsforderung zu haften habe.

[26] Vergl. GEIB, Theorie S. 152 ff. 161, 165, LIEBKNECHT, Kompensationsvollzug S. 87 ff. S. 108, 109.

[27] PETERSEN in BUSCH, Bd. 19 S. 106 ff.

§ 17.

IV. Die Bestimmungen der §§ 145 Abs. 3, 302 und die Gestaltung der Aufrechnung im BGB.

Durch die neue Fassung der §§ 145 Abs. 3 und 302 sind die im vorigen Abschnitte erwähnten Streitfragen unzweideutig im Sinne der besprochenen Entscheidung der vereinigten Civilsenate des Reichsgerichts entschieden worden. In § 145 Abs. 3 wird nicht mehr von „getrennten Prozessen“ sondern von der Anordnung gesprochen, „daß über die Klage und über die Aufrechnung getrennt verhandelt werde“. Die Bestimmung, daß hinsichtlich der Aufrechnung nur eine Trennung der Verhandlung zu erfolgen habe, ist aus dem von der Trennung bei der Entscheidung handelnden Paragraphen in den die Trennung während der Verhandlung regelnden Abs. 3 des § 145 herübergenommen. Über den notwendigen Zusammenhang des § 145 Abs. 3 mit § 302 ist jeder Zweifel ausgeschlossen durch die Verweisung in § 145 Abs. 3 auf § 302, mit welcher zum Ausdruck gebracht wird, daß in dem auf den Trennungsbeschluß folgenden Verfahren ein die Klagforderung zuerkennendes Urteil als Vorbehaltsurteil nach § 302 ergehen muß. In § 302 wird das Urteil über die Klagforderung ausdrücklich als Vorbehaltsurteil bezeichnet, und in Abs. 2 und 3 sind die Vorschriften der früheren §§ 503, 563 aufgenommen und weiter ausgestaltet. Außer Zweifel gestellt ist auch, was nach dem Trennungsbeschluß den Gegenstand des weiteren Verfahrens bildet; § 302 Abs. 4 bestimmt: „In Betreff der Aufrechnung, über welche die Entscheidung vorbehalten ist, bleibt der Rechtsstreit anhängig“, womit nichts anderes gesagt sein kann, als daß die Klagforderung in ihrer Beziehung zu der vorgebrachten Aufrechnung den Gegenstand der abgetrennten Verhandlung bildet, denn nur die Klagforderung, nicht die Gegenforderung oder die Aufrechnung ist Streitgegenstand. Über die Klagforderung wird daher auch in dem Nachverfahren nach Erlaß eines Vorbehalturteils gemäß § 302, oder in dem Nebenverfahren gemäß § 145 Abs. 3 verhandelt und entschieden, denn der Beklagte erstrebt nach wie vor Klagabweisung, wenn auch gegebenen Falles unter Aufhebung des ergangenen Vorbehaltsurteils, der Kläger nach wie vor Verurteilung des Beklagten. Damit steht auch die Ausdrucksweise der Novelle in § 302 in Einklang, wenn sie davon spricht, daß die Verhandlung über die Forderung „zur Entscheidung" reif sei, während § 274 a. F. den Ausdruck „zur Endentscheidung reif" gebraucht hatte.[1] Somit enthält die Novelle gegenüber dem nach Ansicht der vereinigten Civilsenate des Reichsgerichts bereits unter der Herrschaft der alten Bestimmungen gegebenen Zustande nur in der Ausgestaltung des Vorbehalturteils in § 302, insbesondere in der Vorschrift, daß der Vorbehalt im Urteil ausdrücklich auszusprechen ist, eine Neuerung.[2]

Als weitere Änderung des Wortlauts fällt in die Augen, daß § 145 Abs. 3 von der „Geltendmachung der Aufrechnung einer Gegenforderung" spricht und, ebenso wie §§ 302, 322 und 529 (293, 491 a. F.) den Ausdruck „Einrede" vermeidet. Unzweifelhaft sollte dadurch eine Anpassung des Wortlautes an die Ausgestaltung der Aufrechnung in BGB. vorgenommen werden.[3]

Nach dem BGB. wird die Aufrechnung durch eine Erklärung vollzogen, welche bewirkt, daß die beiden Forderungen als in dem Zeitpunkt erloschen gelten, in welchem sie zur Aufrechnung geeignet einander gegenüber getreten sind (§§ 387, 388 BGB.). Damit ist ausgesprochen: einmal, daß die Aufrechnung nicht *ipso jure* wie die, allerdings streitige[4] *compensation légale* des französischen Rechts, erfolgt; andererseits, daß die Aufrechnung nicht erst im Prozeß erklärt zu werden braucht und daß sie

---

[1] So die Kommentare Gaupp-Stein, Bd. I S. 673, Struckmann-Koch, Bd. I S. 401, Reincke, 4. Aufl. S. 168; a. M.: Endemann (Einführung in das Studium des BGB. 3. u. 4. Aufl. Bd. I § 147 S. 654), der ohne Begründung behauptet, es bleibe der „vorbehaltene Anspruch auf Aufrechnung anhängig", und Lippmann s. unten § 20 Anm. 1; vergl. auch oben § 16 Anm. 1—8.

[2] Vergl. Motive zur Novelle S. 92 und 106, Hahn, Bd. VIII S. 90, 102, RG.-Entsch. 31 S. 8, Geib, Theorie S. 328 ff., Kohler in Busch, Bd. 20 S. 73, Petersen in Busch, Bd. 19 S. 106, 123 und Kommentar Bd. 1 S. 339.

[3] Siehe Motive zum Entwurf eines BGB. Bd. 2 S. 107. 208. Vergl. Geib, Theorie S. 332, Wach in Busch, Bd. 27 S. 4, 5, Fischer, Recht u. Rechtsschutz S. 105 Anm. 1.

[4] Vergl. Kohler in Busch, Bd. 20 S. 65 ff.

nicht durch den Richter vollzogen wird.[5] Die Aufrechnungserklärung ist ein einseitiges empfangsbedürftiges Rechtsgeschäft, welches als solches eine Einrede im Sinne des BGB. nicht darstellt.

Wenn wir mit FRIEDENTHAL[6] die Gegenrechte scheiden in „Anspruchsvernichtungsrechte“ und „Leistungsverweigerungsrechte“, so steht außer Zweifel, daß die Aufrechnungserklärung (ebenso wie die Anfechtungserklärung und die Erklärung des Widerrufs) die Vernichtung des Anspruchs bewirkt. Einreden im Sinne des BGB. sind aber nur Rechte, eine rechtsgiltig geschuldete Leistung zu verweigern.[7] Der Äußerung der Motive zum Entwurf des BGB.:[8] „die Kompensationserklärung erzeugt also keine Einrede im materiellen Sinne, die vollzogene Kompensation erzeugt wie die Zahlung die materielle Einwendung, daß der Gläubiger befriedigt sei“, ist mithin, soweit die Aufrechnung gegenseitiger Forderungen nach § 387 ff. BGB. gemeint ist, zuzustimmen. Die Auffassung der Motive trifft aber nicht die Aufrechnung nach § 770 BGB., welcher dem Bürgen das Recht gibt, die Befriedigung des Gläubigers zu verweigern, solange den Hauptschuldner den Gläubiger durch Aufrechnung befriedigen könnte, ebensowenig die Geltendmachung der Aufrechnung nach § 1137 BGB., sowie nach § 129 Abs. 2 HGB. In diesen Fällen macht der Bürge, der Eigentümer des Pfandgrundstücks, der Gesellschafter nicht von einem ihm zustehenden Anspruchsvernichtungsrechte Gebrauch, sondern er stützt sich auf das einem andern zustehende Recht. Hier handelt es sich um Einreden auch im Sinne des BGB.[9]

Nach dem BGB. kann also als „Geltendmachung“ der Aufrechnung dreierlei in Betracht kommen: die Aufrechnung als Aufrechnungserklärung, als „jetzt zu vollziehende“, der Einwand

---

[5] Darüber, daß diese Gestaltung der Aufrechnung für das gemeine und das Sächs. Recht (SBGB. § 996) keine Neuerung bildet, vergl. Motive zum Entwurf des BGB. Bd. 2 S. 107; RG.-Urteil vom 11. Okt. 1883, Entsch. Bd. 11 S. 415 ff., FÖRTSCH im Sächs. Arch. Bd. 7 S. 401, OTTO, daselbst Bd. 8 S. 728 ff.

[6] Einwendung und Einrede S. 61 ff.

[7] FRIEDENTHAL a. a. O. S. 66, Motive zum Entwurf des BGB. Bd. 1 S. 359, HELLWIG, Anspruch und Klagerecht S. 9, WACH in BUSCH, Bd. 27 S. 5.

[8] Bd. 2 S. 107.

[9] Vergl. FRIEDENTHAL a. a. O. S. 39, 65.

der geschehenen Aufrechnung und die Einrede der Aufrechnung als nicht geschehene, aber berechtigte. [10]

Daraus nun, daß die Aufrechnungserklärung im Prozesse keine Einrede im Sinne des BGB. ist und daß infolgedessen die Novelle zur CPO. den Ausdruck „Einrede" der Aufrechnung vermeidet, sind für die Aufrechnung im Prozesse eine Reihe von Folgerungen gezogen worden. Man hat das einheitliche Vorbringen in zwei Akte, die Erklärung der Aufrechnung als Rechtsgeschäft und das Berufen auf die geschehene Aufrechnung als Einwand, zerspalten und, unter Verkennung des auch in den Motiven zum Entwurf des BGB. (Bd. 1 S. 359) anerkannten Unterschiedes zwischen dem Einredebegriff des BGB. und dem der CPO., dem Aufrechnungsvorbringen im Prozeß den Charakter einer prozessualen Einrede abgesprochen. Die Schlüsse aus dieser Auffassung betreffen zumal § 81, für den behauptet wird, die Erklärung der Aufrechnung im Prozesse sei keine Prozeßhandlung und werde durch die Prozeßvollmacht nicht gedeckt. [11]

Für § 145 Abs. 3 sind ähnliche Folgerungen nicht gezogen worden: es ist von keiner Seite behauptet worden, daß etwa die Trennungsbefugnis bei einer der Möglichkeiten der Geltendmachung einer Aufrechnung ausgeschlossen sei. Nur Seuffert, obwohl er im Resultate übereinstimmt, äußert bezüglich der Einrede des Bürgen nach § 770 Abs. 2 Zweifel, da der Wortlaut des § 145 Abs. 3 diesen Fall nicht umfasse: „denn der Bürge macht nicht die Aufrechnung geltend, sondern verweist den Gläubiger auf dessen eigene Schuld". [12] Aber gerade der absichtlich neutral gefaßte Ausdruck „Geltendmachung der Aufrechnung" ist danach angetan, jeden Fall, wo nur die Tat-

---

[10] Vergl. Wach in Busch, Bd. 27 S. 6; Über die *Compensatio jam facta* siehe Kohler in Busch, Bd. 20 S. 72.

[11] Vergl. Wach in Busch, Bd. 27 S. 5 und die dort S. 3 angeführte Literatur; überdies Goldschmidt, Archiv f. d. Bürgerl. Recht Bd. 15 S. 57, Reincke, Kommentar Bem. B. 2a zu § 145 S. 168; dagegen auch Struckmann-Koch, Kommentar Bd. 1 S. 184, Seuffert, Kommentar 8. Aufl. S. 222, Friedenthal a. a. O. S. 27, 53.

[12] Seuffert, Kommentar, 8. Aufl. Bem. 4a zu § 145 S. 222.

sache einer Tilgung durch Aufrechnung in den Tatbestand eingeführt wird, zu decken.[13]

Zunächst darf daran nicht gezweifelt werden, daß § 145 Abs. 3 nicht zur Voraussetzung hat, die Forderung und die Gegenforderung müßten einander noch gegenüberstehen, eine Voraussetzung, die irrigerweise für die *compensation légale*[14] und für das Sächsische Recht[15] angenommen worden ist. Wie KOHLER[16] und LIEBKNECHT[17] zutreffend ausführen, stand auch schon die Fassung des § 136 Abs. 2 im Einklang damit, daß die Forderungen zur Zeit der Verhandlung nicht mehr als existierend behauptet wurden, und daß nur „eine Gegenforderung als im Prozeß maßgebend zur gerichtlichen Feststellung“ gebracht wurde. Verhandelt wird nur über die „Tatsache der Tilgung der Hauptforderung“.

Daß hieran durch die Bestimmungen des BGB. über die Aufrechnung und die Neufassung von § 145 Abs. 3 und § 302 nichts geändert worden ist, beweist überdies die Entstehungsgeschichte der Novelle. In den Kommissionsberatungen über die §§ 145 Abs. 3 und 302 wurde der Antrag gestellt, die Anwendbarkeit der Bestimmungen solle auf den Fall beschränkt werden, daß die Aufrechnung erst nach Eintritt der Rechtshängigkeit, also im Prozesse, erklärt wird. Zur Begründung wurde angeführt, falls der Beklagte vor Erhebung der Klage die

---

[13] Nicht durch § 145 Abs. 3 getroffen ist lediglich der vom BGB. nicht geregelte Fall des Kompensationsvertrages. Hier stützt sich aber die Verteidigung des Beklagten nicht auf die zur Begründung der Gegenforderung dienenden Tatsachen, sondern vielmehr auf eine Einigung, welche auch ohne Erweis des Bestehens der Forderung selbst den Klagabweisungsantrag rechtfertigen würde. Solange es sich lediglich um die mit dem Kompensationsvertrag behauptete Einigung der Parteien handelt, kann daher von einer Trennung nach § 145 Abs. 3 nicht die Rede sein; diese könnte erst dann in Frage kommen, wenn etwa die Einigung widerlegt erschiene und es sich nur noch um die zur Begründung der Gegenforderung vorgebrachten Tatsachen handelte.

[14] Vergl. RG.-Urteil vom 11. Mai 1886, Entsch. Bd. 16 S. 372; dagegen zutreffend KOHLER in BUSCH Bd. 20 S. 72.

[15] OLG. Dresden, Urteil vom 30. Jan. 1889; WENGLERS Arch. N. F. Bd. 10 S. 146.

[16] In BUSCH, Bd. 20 S. 72.

[17] Kompensationsvollzug S. 100.

Aufrechnung erklärt habe, sei damit die Forderung des Klägers getilgt, womit unvereinbar erscheine, wenn auf Grund der dem Gericht zustehenden Trennungsbefugnis der Beklagte zur Zahlung einer bereits durch Aufrechnung getilgten Forderung verurteilt werde. Der Antrag wurde in der Kommission abgelehnt, nachdem entgegnet worden war, die Verschriften der bezüglichen Paragraphen verfolgten den Zweck, einer Verschleppung des Prozesses durch die Geltendmachung unbegründeter oder weitaussehender Gegenforderungen entgegenzutreten. Im Hinblick auf diese Vorschriften habe das BGB. von der Aufstellung des Erforbernisses der Liquidität abgesehen. Bei einer Einschränkung der Anwendbarkeit der Bestimmungen im Sinne der Anträge könne der Zweck derselben dadurch vereitelt werden, daß der Beklagte vor Klagerhebung die Aufrechnung erkläre.[18] Mit Recht führt Wach aus, daß jeder Versuch bei Anwendung der §§ 145 und 302 unter den genannten Aufrechnungsarten zu unterscheiden, zu Lächerlichkeiten führen würde und daß einer Ausscheidung der Aufrechnung gemäß §§ 770, 1137 BGB., 129 HGB. ein unabweisbares *argumentum a minori* entgegenstehe.[19]

§ 18.

V. Die Voraussetzungen für die Trennungsanordnung nach § 145 Abs. 3.

Die Trennungsbefugnis nach § 145 Abs. 3 kann sonach in jedem Falle, wo nach bürgerlichem Recht zulässigerweise vom Beklagten eine Aufrechnung „geltend gemacht“ wird, ausgeübt werden. Nachdem außer Frage gestellt ist, daß die Trennung keine Beseitigung des Kompensationsrechtes bewirkt, hat sie auch dann, wenn gegen den *debitor cessus* aufgerechnet wird, keinerlei Schwierigkeiten mehr.

---

[18] Vergl. Kommissionsprotokolle zur Novelle S. 88—89, Hahn, Bd. VIII S. 329; Silber, Kompensation und Aufrechnung S. 115: „nur der Streit über das tatsächliche Vorbringen der Aufrechnung wird zur gesonderten Entscheidung verwiesen“, Wach in Busch, Bd. 27 S. 6.

[19] Wach in Busch, Bd. 27 S. 6, 7, vergl. Seuffert, Kommentar 8. Aufl. S. 222.

Nur für die Fälle gibt der Wortlaut des § 145 Abs. 3 Anlaß zu Zweifel über die Anwendbarkeit des Trennungsrechtes, wo die eine der beiden aufgerechneten „Forderungen" kein Anspruch aus einem obligatorischen Schuldverhältnisse ist, so, wenn gemäß §§ 268, 1142 oder 1249 BGB. eine Aufrechnung geltend gemacht wird; denn hier rechnet der Ablösungsberechtigte oder der Eigentümer, welcher nicht gleichzeitig persönlicher Schuldner ist, zwar mit einer Forderung, aber gegenüber einem dinglichen Anspruche auf.[1] Hier spricht gegen Anwendbarkeit der Trennungsbefugnis, daß das Gesetz in Abs. 3 (anders als in Abs. 2) von der mit der Klage geltend gemachten „Forderung" redet. Allein was unter einer mit der Klage geltend gemachten Forderung zu verstehen ist, dürfte aus dem bürgerlichen Rechte zu substantiieren sein.[2] Es ist aber nach der Fassung des § 387 BGB. anzunehmen, daß das BGB. bei den Vorschriften über die Aufrechnung mit „Forderung" einen weiteren, mit „Anspruch" gleichbedeutenden Begriff fassen will, der alle Fälle einbegreift, in denen zwei Personen einander aufrechnungsfähige „Leistungen" schulden.[3] Es wäre dem Sinne des § 145 Abs. 3 durchaus zuwider, wenn in den genannten Fällen der Geltendmachung einer Aufrechnung die Trennungsbefugnis, deren prozessuale Funktion hier die gleiche ist wie in anderen Fällen, ausgeschlossen sein sollte.

Daß die Trennung nach § 145 Abs. 3 nur erfolgen darf, wenn Klagforderung und Gegenforderung nicht in rechtlichem Zusammenhang stehen, ist mehrfach erwähnt; wegen dieser Voraussetzung darf auf § 10 Bezug genommen werden.

Der Richter kann nur dann anordnen, daß gemäß § 145 Abs. 3 getrennt verhandelt werde, wenn die Aufrechnung vom

---

[1] Siber, Kompensation und Aufrechnung S. 88 ff., vergl. Neumann, Kommentar zum BGB. Bd. 1 S. 562, 651, Planck, Kommentar, Vorbem. z. 3. Buch S. 8, Dernburg, Das bürgerl. Recht Bd. III S. 576.

[2] Wach in Busch Bd. 27 S. 8.

[3] Vergl. Fischer, Recht und Rechtsschutz S. 78 ff., der den Anspruchsbegriff des BGB. dem Begriffe der Forderung gleichstellt, Hölder, Kommentar zum BGB. 1. Bd. Allgemeiner Teil S. 411, 414; siehe auch Friedenthal a. a. O. S. 54 Anm. 2: „Für Anspruch wird zuweilen das Wort Forderung gebraucht (§ 390)."

Beklagten oder Kläger als Widerbeklagten[4] geltend gemacht wird. § 145 Abs. 3 kann sonach keine Anwendung finden, wenn etwa im Falle des § 357 BGB. der Erfüllung verlangende Kläger den Einwand des Beklagten, er sei befugterweise vom Vertrage zurückgetreten, mit der Replik zu entkräften sucht, der Forderung des Beklagten habe eine ihm zustehende aufrechnungsbare Forderung gegenüber gestanden. Auch dann, wenn der Kläger auf Feststellung des Nichtbestehens einer Forderung klagt und das Nichtbestehen mit erfolgter Aufrechnung begründet, ist eine Trennung nach § 145 Abs. 3 ausgeschlossen.[5]

§ 145 Abs. 3 dient zur Trennung der Verhandlung. Es wird sonach, ebenso wie für die Trennung nach Abs. 1 und 2, vorausgesetzt, daß eine weitere Verhandlung sowohl über die Klagforderung als auch über die Aufrechnung erforderlich ist. Ist die Klagforderung zur Abweisung reif, bevor über die Gegenforderung entschieden werden kann, so ist durch ein abweisendes Urteil nach § 300 der Prozeß als Ganzes zu erledigen. Ist die Klagforderung zur Zuerkennung reif, so muß, falls die ihr gegenüberstehende Forderung zur Aberkennung reif ist, ohne Vorbehalt verurteilt, falls die Gegenforderung gleich der Klagforderung zur Zuerkennung reif ist, ohne Vorbehalt abgewiesen werden. Steht der zur Verurteilung reifen Klagforderung eine nicht entscheidungsreife Gegenforderung entgegen, so kann zum Zwecke der Absonderung der Aufrechnung lediglich § 302 dienen; ein Beschluß nach § 145 Abs. 3 darf daneben nicht ergehen.[6] Ist dagegen die Gegenforderung vor der Klagforderung spruchreif, so kann die Verhandlung über sie nicht mehr getrennt werden, da es ja einer ferneren Verhandlung über sie nicht mehr bedarf. Die Gegenforderung kann nach herrschender Meinung

---

[4] Vergl. PETERSEN in BUSCH, Bd. 19 S. 125, 253, 254.

[5] Vergl. RG.-Urteil vom 4. Dez. 1888, JW. 1888 S. 40 Nr. 4, KOHLER in BUSCH, Bd. 20 S. 54, PESERSEN, Kommentar, Bd. 1 S. 344, STRUCKMANN-KOCH, Kommentar I S. 187.

[6] Vergl. RG.-Urteile vom 12. Nov. 1889, Entsch. Bd. 24 S. 423 und vom 22. Okt. 1888, JW. 1888 S. 423; Bayr. OLG.-Urteil vom 30. Okt. 1893, SEUFFERTS, Arch. Bd. 39 S. 351 Nr. 202; OLG. Kiel, Urteil vom 2. Juli 1894, SEUFFERTS, Arch. Bd. 52 S. 351 ff. Nr. 117.

nur durch ein Zwischenurteil nach § 303 aus der Verhandlung eliminiert werden.[7]

Die Lage bei einer Trennung nach § 145 Abs. 3 kann sonach nur die sein, daß über beide Forderungen noch eine Verhandlung notwendig ist. Das deckt sich nicht mit dem gemeinrechtlichen Erfordernis der Liquidität oder Liquidabilität.[8] Der Beklagte kann seine Gegenforderung durch Urkunden liquid stellen, dennoch aber kann es eines weiteren Verhandlungstermines oder einer Beweisaufnahme bedürfen, falls der klägerische Anwalt sich über die Echtheit der Urkunden nicht erklären kann, oder falls der Kläger dieselbe bestreitet. Daher kann Stein nicht zugestimmt werden, wenn er der Behauptung Schollmeyers,[9] daß § 136 Abs. 2 a. F. auch auf liquide Kompensationseinreden Anwendung finde, widerspricht[10].

Jedoch ist Stein im Resultate seiner Ausführungen Recht zu geben, daß die Anwendung des § 145 Abs. 3 im Urkunden- und Wechselprozesse ausgeschlossen werden müsse.[11] Ohne Zweifel kann zunächst § 145 Abs. 3 dann nicht angewendet werden, wenn der Beklagte den Beweis für die seine Gegenforderung begründenden Tatsachen nicht mit den im Urkundenprozesse zulässigen Beweismitteln antritt. Für diesen Fall ist § 598 gegenüber § 145 Abs. 3 die *lex specialis.* Aber auch wenn § 598 nicht zuträfe, dürfte eine Trennung nach § 145 Abs. 3 im Urkundenprozeß nicht angeordnet werden. Stein hebt zutreffend

---

[7] Vergl. Kohler in Busch Bd. 20 S. 53, 54, Wex in Gruchot Bd. 31 S. 271 und übereinstimmend die Kommentare; die herrschende Ansicht wird namentlich von Stölzel, Schulung Bd. 2 bestritten, der auf Grund einer liquiden Gegenforderung ein die illiquide Klagforderung abweisendes Urteil zulassen will. Ihm haben sich nur wenige, darunter z. B. Meyer, Prozeßpraxis 5. Aufl. S. 195 und Redlich in Busch Bd. 25 S. 389 angeschlossen. Die Kommentare und Mehrzahl der übrigen Schriftsteller, auch das RG. (vergl. Urteil vom 14. Okt. 1898 bei Gruchot, Bd. 43 S. 209) sind der im Text vertretenen Ansicht.

[8] Vergl. Wetzell, System S. 159.

[9] Compensationseinrede S. 130, ebenso Wilmowski-Levy, Kommentar Bd. 1 S. 239.

[10] Stein, Urkunden- und Wechselprozeß S. 169.

[11] Stein a. a. O., ebenso Seuffert, Kommentar 8. Aufl. S. 225.

hervor, daß eine Verurteilung im Urkundenprozeß, sofern der Beklagte durch Vorbringen einer Gegenforderung dem geltend gemachten Anspruche widersprochen hat, nach § 599 den Vorbehalt der Ausführung der Rechte enthalten müsste. Ein Urteil über die Klagforderung nach § 302 müsste überdies mit dem dort vorgeschriebenen Vorbehalte ergehen, sodaß darauf in den zwei möglichen Nachverfahren Komplikationen entstehen würden. Es ist zu erwägen, daß die Trennung nach § 145 Abs. 3 und das Vorbehaltsurteil nach § 302, ebenso wie das Verfahren im Urkunden- und Wechselprozesse überhaupt, summarische Maßregeln sind, und daß das Gesetz, da es das Verfahren im Urkunden- und Wechselprozeß selbständig und an isolierter Stelle ausgestaltet hat, die Häufung mehrerer summarischer Maßregeln vermeiden will; dieser Abneigung gibt bezüglich §§ 540, 541 der § 601 Ausdruck. Da sonach die beiden Vorbehalte des § 302 und 599 unvereinbar erscheinen, der nach § 599 aber zwingend vorgeschrieben ist, kann im Urkunden- und Wechselprozeß ein Urteil nach § 302 nicht ergehen. Ist aber ein Urteil nach § 302 von vornherein ausgeschlossen, so darf auch ein Trennungsbeschluß nach § 145 Abs. 3, dessen notwendiges Ergebnis und alleiniges Ziel ein solches Urteil ist, nicht zugelassen werden.[12]

Ausgeschlossen ist die Anwendung des § 145 Abs. 3 ferner dann, wenn das Gericht zu der Überzeugung gelangt, daß die Aufrechnungseinrede verspätet und in Verschleppungsabsicht vorgebracht worden ist. In diesem Falle ist nicht die Trennung, sondern eine Zurückweisung der Aufrechnungseinrede nach § 279 am Platze.

Worauf sich im Falle der Trennung die Verhandlung hinsichtlich der Kompensationseinrede zu erstrecken haben würde, ist ohne Einfluß für die Zulässigkeit der Trennung. Es ist gleichgültig,

---

[12] Vergl. Stein a. a. O. Zufolge der Bestimmung in § 598 ist für die Anwendung des § 145 Abs. 3 im Urkundenprozesse kein Bedürfnis gegeben, eher dagegen für Erlaß eines Vorbehalturteils nach § 302. Gerade im Wechselprozesse kann es oft für den Kläger von Wert sein, ein Urteil nach § 302 zu erlangen, bevor er einen ihm vom Beklagten zugeschobenen Eid geleistet hat. Gleichwohl ist dies aus den im Text angeführten Gründen für unzulässig zu erachten.

ob das Begründetsein der Gegenforderung an sich, ob deren materiellrechtliche Aufrechenbarkeit oder ob schließlich prozessuale Voraussetzungen für die Kompensationseinrede zu erörtern sein würden. In welchem Umfange für die Aufrechnungseinrede prozessuale Voraussetzungen in Betracht kommen, ist streitig. Während SCHOLLMEYER[13] gegen die Kompensationseinrede die prozesshindernden Einreden oder vielmehr Repliken der Unzulässigkeit des Rechtswegs, der Rechtshängigkeit und der mangelnden Prozeßfähigkeit zulassen will, meint GEIB, daß eine Beanstandung der Kompensationseinrede wegen mangelnder Prozeßvoraussetzungen überhaupt nicht zulässig sei.[14] Eine dritte, von KOHLER,[15] REDLICH,[16] und STEIN[17] vertretene Meinung läßt gegenüber der Kompensationseinrede von den prozeßhindernden Einreden nur die Einrede der Unzulässigkeit des Rechtswegs zu. Für die letztere Meinung spricht die Bestimmung in § 322, Abs. 2; eine rechtskräftige Entscheidung kann das Gericht nur dann geben, wenn die Gegenforderung seiner Gerichtsbarkeit angehört.[18] Schließt man mit den Genannten hinsichtlich einer Forderung, für welche der Klageweg bei den ordentlichen Gerichten nicht gegeben ist, die Aufrechnungsfähigkeit aus, so darf, sobald dies feststeht, weder § 145 Abs. 3 noch § 302 zur Anwendung kommen. Im Gegensatz hierzu nimmt KOHLER[19] und mit ihm REDLICH[20] an, daß zwar die Entscheidung über die Kompensationsforderung vor einem

---

[13] Compensationseinrede S. 42, 130, 136 in GRUCHOT Bd. 31 S. 251.

[14] Theorie S. 182; gegen die Annahme, daß für die Kompensationseinrede die Voraussetzung der Prozeßfähigkeit selbständig zu bestimmen sei: WACH, Handb. S. 536, 537 Anm. 13; daß etwa für die Kompensationseinrede die Zuständigkeit ebenso gegeben sein müsse, als wenn der Kompensationsanspruch klageweise geltend gemacht würde, verneint RG.-Urteil vom 2. April 1895 Entsch. 35 S. 380. Vergl. dazu KOHLER in BUSCH Bd. 20 S. 44 ff.

[15] In BUSCH, S. 42 ff.

[16] In BUSCH, Bd. 25 S. 395.

[17] GAUPP-STEIN, Bd. 1 S. 356. Derselben Ansicht ist wohl auch das RG. in der oben Anm. 14 zitierten Entsch. („falls nur der Anspruch überhaupt zur Zuständigkeit der Gerichte gehört“).

[18] Vergl. GAUPP-STEIN a. a. O., KOHLER a. a. O. S. 44.

[19] a. a. O. S. 46.

[20] a. a. O.

anderen Gerichte zu ergehen habe, daß aber dennoch das Gericht durch Vorbehaltsurteil nach § 274 a. F. entscheiden und es dem Beklagten überlassen könne, „die Gegenforderung bei dem maßgebenden Gerichte zum Austrag zu bringen und sodann auf Grund des Judikates im Nachverfahren eine etwaige Korrektur des Vorbehaltsurteils zu erzielen.“[21] Diese Auffassung scheint mit der Fassung der §§ 145 Abs. 3 und 302 nicht vereinbar. Beide setzen voraus, daß das trennende Gericht in der Lage ist, über die Aufrechnung selbst zu verhandeln und zu entscheiden.

Was die Aufrechnung mit solchen Forderungen anlangt, die bereits durch Klage oder Widerklage anhängig gemacht oder bereits in einem anderen Prozesse aufrechnungsweise geltend gemacht worden sind, so wird sie von Theorie und Praxis, insoweit nicht die anderwärts erklärte Aufrechnung einen Verzicht involviert, überwiegend zugelassen.[22] Die Zulässigkeit der Trennung nach § 145 Abs. 3 in solchen Fällen zu verneinen, ist nur von dem Standpunkte Schollmeyers aus gerechtfertigt.[23] Zweckmäßig wird eine Trennung in derartigen Fällen nicht sein, aber ein Grund, die Trennungsbefugnis auszuschließen, ist nicht abzusehen. Praktischer wird es sein, gemäß § 148 die Verhandlung bis zur Erledigung des anderen Rechtsstreites auszusetzen; doch ist die Zulässigkeit der Aussetzung in diesem Falle streitig.[24]

Hat der Beklagte mehrere Gegenforderungen aufrechnungsweise geltend gemacht, so kann, falls sie sämtlich *ex dispari causa* herrühren, das Gericht eine jede zur getrennten Verhandlung

---

[21] Kohler a. a. O., vergl. Geib, der a. a. O. S. 190, 191 zu einem ähnlichen Resultate kommt.

[22] Vergl. Motive zur CPO. S. 187, Hahn, Bd. I S. 259, Weissmann, Hauptintervention S. 118; Kohler in Busch, Bd. 20 S. 26, 27, 37, Seuffert in Busch, Bd. 16 S. 470; Gaupp-Stein, Bd. 1 S. 356; Petersen, Kommentar Bd. 1 S. 342; Struckmann-Koch, Kommentar, I S. 437; OLG. Dresden, Urteil vom 11. Juli 1895, Sächs. Arch. Bd. 6 S. 216 und die in dieser Entscheidung zitierten Urteile des Reichsgerichts.

[23] Siehe oben § 15 bei Anm. 5—7.

[24] Vergl. Motive zur CPO. a. a. O., Petersen, Kommentar Bd. 1 S. 380, Wilmowski-Levy, Bd. 1 S. 246 und die dort angeführten Entscheidungen des Reichsgerichts, besonders JW. 1894 S. 61, 62; Seufferts, Arch. Bd. 49 S. 353.

verweisen. Die mehreren Gegenforderungen sind bei bestrittener Klagforderung alle als eventuell vorgebracht anzusehen und zu behandeln. Falls das Gericht nur eine zur getrennten Verhandlung verweist, so bleiben die anderen in dem Verfahren über die Klagforderung anhängig. Dies gilt auch für den Fall, daß der Beklagte ausdrücklich erklärt, die eine Gegenforderung solle nur dann als aufgerechnet gelten, wenn die Klagforderung nicht durch die in erster Linie aufgerechnete Forderung getilgt sein sollte. Jedenfalls würde es der ausdrücklichen Zustimmung des Beklagten bedürfen, wenn mit der Verweisung einer Gegenfordung zur getrennten Verhandlung auch die anderen als erledigt behandelt werden sollen[25].

§ 19.

VI. Die Trennungsanordnung nach § 145 Abs. 3 in der Berufungsinstanz (§ 529 Abs. 3).

In der Berufungsinstanz sind für die Geltendmachung einer Kompensationseinrede zwei Fälle zu unterscheiden: der, daß die Aufrechnungseinrede bereits in erster Instanz vorgebracht und der Kognition des Vorderrichters unterbreitet worden ist und der Fall, daß der Beklagte die Aufrechnung erst in der Berufungsinstanz geltend gemacht hat.

Der erste Fall bietet für die Anwendung unserer Bestimmung keine Besonderheiten. Der Erlaß einer Trennungsanordnung wird hier in Erwägung zu ziehen sein, falls der Vorderrichter die Begründung der Gegenforderung für unschlüssig erachtet hat, während das Berufungsgericht in die Erörterung und Beweiserhebung über sie eintritt.

Wenn der Beklagte die Aufrechnung erst in der Berufungsinstanz geltend gemacht hat, so kommt in erster Linie § 529 Abs. 3 in Frage, nach welchem die auf die Aufrechnung einer Gegenforderung gegründete „Einwendung" zurückzuweisen ist,

---

[25] A. M.: Schollmeyer, Compensationseinrede S. 147, 154 Anm. 2, wo behauptet wird, mit der „Trennung" seien alle weiteren eventuell vorgeschützten Kompensationseinreden erledigt; vergl. dagegen Orgler, Beitrag S. 64.

wenn nicht der Kläger in die Geltendmachung einwilligt oder der Beklagte glaubhaft macht, daß er ohne sein Verschulden außer stande gewesen, die Aufrechnung in erster Instanz geltend zu machen. Widerspricht der Kläger der Geltendmachung der Aufrechnung und gelingt dem Beklagten die vorgeschriebene Glaubhaftmachung nicht, so kann eine Verweisung der Aufrechnungseinrede zur getrennten Verhandlung nicht mehr in Frage kommen. Die Zurückweisungspflicht nach § 529 geht der Trennungsbefugnis vor. Dies bezieht sich nach der neuen Fassung des § 529 auf jede Art der Geltendmachung einer Aufrechnung. In § 491 a. F. war in Abs. 2 (jetzt durch Abs. 2 und 3 von § 529 ersetzt) bestimmt, daß neue Ansprüche nur mit Einwilligung des Gegners erhoben werden dürften, „wenn mit denselben kompensiert werden soll . . .“ Wie KOHLER[1] und WACH[2] zutreffend ausführen, betraf bei diesem Wortlaut die Zurückweisung nur die im Prozesse erklärte Aufrechnung, nicht die *compensatio jam facta*. Jetzt ist es nach dem in § 529 Abs. 3 gebrauchten, alle Aufrechnungsmöglichkeiten umfassenden Ausdruck „Einwendung“ nicht mehr gestattet, den Einwand der geschehenen Aufrechnung von der Zurückweisungspflicht auszunehmen.[3] Es ist daher bei jeder erst in zweiter Instanz geltend gemachten Aufrechnung vor Erlaß eines Trennungsbeschlusses nach § 145 Abs. 3 zu prüfen, ob nicht das Kompensationsvorbringen nach § 529 Abs. 3 zurückzuweisen ist.

Die prinzipielle Anwendbarkeit der Trennungsbefugnis in der Berufungsinstanz nach Maßgabe des Vorstehenden wird fast allgemein angenommen; selbstverständlich ist dabei, daß in jedem Falle einer Trennung hinsichtlich der Kompensationseinrede vor

---

[1] In BUSCH, Bd. 20 S. 39.

[2] In BUSCH, Bd. 27 S. 7 Anm. 8; ähnlich SCHOLLMEYER, Compensationseinrede S. 174 (bezügl. der „Aufrechnung mit einer bereits rechtshängigen Forderung“); vergl. GEIB, Theorie S. 201 ff.

[3] Dies wird von KOHLER in BUSCH, Bd. 24 S. 26, 27 verkannt, der die Zurückweisungspflicht bei der *compensatio jam facta* auch für das neue Recht leugnet, vergl. gegen ihn ECCIUS in GRUCHOT, Bd. 42 S. 251, 252 und WACH a. a. O.

dem Berufungsgericht weiter verhandelt werden muß und daß dieses die Kompensationseinrede nicht etwa zur Verhandlung in die erste Instanz verweisen darf.[4]

§ 20.

VII. Die Wirkungen der Anordnung, daß über die Klage und über die Aufrechnung getrennt verhandelt werde.

Wie wiederholt hervorgehoben, hat die Trennungsanordnung des § 145 Abs. 3 einen Wortlaut, der sie sowohl von der Verweisung in mehrere „getrennte Prozesse“ als auch von der „Beschränkung der Verhandlung“ (§ 146) unterscheidet. Der Gesetzgeber wollte, indem er trotz des Streites in Theorie und Praxis über den Unterschied zwischen der Anordnung getrennter Verhandlungen und denjenigen getrennter Prozesse mit Vorbedacht für die beiden Verfahren verschiedene Bezeichnungen wählte, die Klagforderung einerseits und die Gegenforderung andererseits nicht „mehreren Ansprüchen“ im Sinne des Abs. 1 gleichstellen und weder durch die Trennungsanordnung nach § 145 Abs. 3, noch durch Erlaß eines Vorbehaltsurteils nach § 302 die bisherige Einheit des Rechtsstreites aufheben.[1]

---

[4] Vergl. dagegen RG.-Urteil vom 11. Okt. 1893 JW. 1893 S. 500 Nr. 9, wo die Verweisung einer in zweiter Instanz vorgebrachten zulässigen Kompensationsforderung zum „getrennten Prozeß“ für unstatthaft erklärt wird. RG.-Urteil vom 13. Mai 1891, JW. 1891 S. 331 Nr. 7 erklärt hingegen die Trennung in der Berufungsinstanz für prinzipiell zulässig; ebenso Urteil vom 20. Okt. 1891, Entsch. Bd. 28 S. 414; diese Entscheidung verbietet nur die Verweisung zur Verhandlung in erster Instanz; vgl. Gaupp, Kommentar 3. Aufl. Bd. 1 S. 321, Schollmeyer, Compensationseinrede S. 133 und bei Gruchot, Bd. 31 S. 235, 243 und Wex daselbst S. 262, 266; Seuffert, Kommentar 8. Aufl. S. 223.

[1] Irreführend erscheint daher die Ausdrucksweise Lippmanns in Iherings Jahrb. Bd. 32 S. 257: „Was nichtkonnexe Ansprüche anlangt, so ist die Institution des Nachtragverfahrens allerdings nur ein besonderer Prozeß über den Anspruch auf Kompensation, der sich von einem durch besondere Klagerhebung anhängig gemachten Verfahren nur durch die Einheitlichkeit der Prozeßakten unterscheiden dürfte.“ Vergl. Gaupp-Stein, Bd. I S. 356: „Die Spaltung in zwei selbständige Prozesse tritt nicht ein;“ Seuffert, Kommentar 8. Aufl. S. 224 (Zerlegung des Prozesses „in zwei Teile“), vergl. Struckmann-Koch zu § 145, 2 und 6, I S. 186, 187.

Daß das Nachverfahren nach Erlaß eines Vorbehaltsurteiles gemäß § 302 in keiner Weise als besonderer Rechtsstreit behandelt wird, geht schon aus dessen Fassung in Abs. 4 hervor. Überdies ist auf § 33 des Gerichtskostengesetzes in der Fassung vom 22. Mai 1898 hinzuweisen, welcher das nach der Abstandnahme vom Urkunden- oder Wechselprozesse, sowie das nach einem Vorbehaltsurteil gemäß §§ 598, 600 anhängig bleibende Verfahren für die Gebührenerhebung ausdrücklich als besonderen Rechtsstreit bezeichnet, das Nachverfahren des § 302 jedoch unerwähnt läßt. Ist aber das Nachverfahren des § 302 kein besonderer Rechtsstreit, so kann auch das Nebenverfahren des § 145 Abs. 3, auf welches die Bestimmungen des § 302 Anwendung finden sollen, nicht als besonderer Prozeß angesehen werden.

Hiermit ist der prinzipielle Unterschied der Trennungsanordnung nach § 145 Abs. 3 von der nach Abs. 1 und 2 gegeben; es ist weiter zu fragen, worin die Unterscheidung von der Trennungsbefugnis des § 146 zu suchen sei. Auch bei Erlaß einer Anordnung, daß die Verhandlung zunächst auf eines von mehreren Angriffs- oder Verteidigungsmitteln zu beschränken sei, bleibt die Prozeßeinheit gewahrt und auch die „Einheit der Verhandlung" soll nach herrschender Ansicht durch sie nicht berührt werden. Die überwiegende Meinung geht dahin, daß hier getrennte Termine zur Verhandlung über die einzelnen selbstständigen Angriffs- und Verteidigungsmittel nicht zulässig seien; jeder Termin sei zur Erledigung des gesamten Prozeßstoffes bestimmt und mit der Beschränkung auf ein Angriffs- oder Verteidigungsmittel werde nur deren Reihenfolge in der Verhandlung vorgeschrieben. Daher wird allgemein angenommen, daß im Falle der Versäumnis in einem zur Verhandlung zunächst über eines von mehreren selbständigen Angriffs- oder Verteidigungsmitteln bestimmten Termine nicht ein Versäumniszwischenurteil, sondern ein den ganzen Prozeß erledigendes Versäumnisurteil zu erlassen sei.[2]

---

[2] Vergl. die Kommentare von Gaupp-Stein, Bd. I S. 359; Seuffert, 8. Aufl. S. 227, Petersen, Bd. I S. 346, ferner Planck, Lehrb. Bd. 1 S. 456; a. M. Wilmowski-Levy (7. Aufl. Bd. 1 S. 244), welche die Ansetzung ge-

Ist dasselbe von der Trennungsanordnung nach § 145 Abs. 3 zu sagen? Bewirkt auch diese Trennung, daß über Klagforderung und Kompensationseinrede nach-, nicht nebeneinander verhandelt wird?

Die Frage ist praktisch die, ob das Gericht in der Lage ist, bei der Trennung getrennte Termine für die Verhandlung über die Klage und für die Verhandlung über die Aufrechnung anzusetzen, über Klage und Aufrechung getrennte Beweiserhebungen zu veranstalten und, im Falle dies zuzulassen ist, wie es bei einer Versäumnis in einem der beiden getrennten Verfahren zu halten ist. Zunächst ist zu bemerken, daß das Nachverfahren des § 302 in dieser Richtung keine Schwierigkeiten bietet. Hier ist die Verhandlung über die Klagforderung unter Erledigung alles Prozeßmaterials mit Ausnahme der Aufrechnung abgeschlossen, und den Gegenstand der noch ausstehenden Verhandlung bildet lediglich die Frage ihrer Tilgung durch die Aufrechnung. In dem weiteren Verfahren kann es sich nur darum handeln, ob das Vorbehaltsurteil zu bestätigen oder aufzuheben sein wird. Dementsprechend hat im Falle der Säumnis des Klägers oder des Beklagten das Versäumnisurteil entweder auf Aufrechterhaltung oder auf Aufhebung des Vorbehaltsurteils zu lauten, genau wie bei dem Nachverfahren der §§ 543, 600, wiewohl der Zusatz zu § 600, daß im Nachverfahren die Vorschriften über das Versäumnisurteil entsprechende Anwendung finden sollen, in § 302 nicht ausdrücklich enthalten ist.[3]

Der Unterschied des Verfahrens nach Erlaß des Vorbehaltsurteils von der getrennten Verhandlung über die Aufrechnung gemäß § 145 Abs. 3 wird dadurch charakterisiert, daß das erste ein Nachverfahren nach Erledigung der Klagforderung für die Instanz, das zweite jedoch ein mit der schwebenden

---

sonderter Termine zulassen, dennoch aber ein Versäumnisurteil über den gesamten Rechtsstreit ergehen lassen, „da die Verhandlung gleichwohl über den Anspruch stattfindet"; a. M.: Auch Bülow in Gruchot, Bd. 22 S. 822, der bei der Versäumung eines Termins nach § 337 eine Versäumung der Verhandlung über eine einzelne Prozeßhandlung, aber keine totale Versäumnis annimmt und daher den Erlaß eines kontradiktorischen Urteiles gestattet.

[3] Vergl. Gaupp-Stein, Bd. I S. 673 unter IV. 5, Seuffert, 8. Aufl. Bd. I. S. 467. d.

Verhandlung über die Klagforderung gleichzeitiges Nebenverfahren ist.[4]

In diesem Nebeneinander getrennter Termine über Klagforderung und Aufrechnung erblickt STEIN Schwierigkeiten und für den Fall der Säumnis in einem der getrennten Termine unlösbare Komplikationen. STEIN[5] weist darauf hin, daß, falls die Gegenforderung vor der Klagforderung spruchreif wird, über sie nur ein Zwischenurteil nach § 303 ergehen könne, sofern nicht das Gericht die Entscheidung nach § 148 aussetze[6] oder die Trennung nach § 150 wieder aufheben wolle und fährt fort: „Daraus ergibt sich zugleich, daß im Falle des Abs. 3 getrennte Termine zur Verhandlung über Forderung und Aufrechnung nicht anberaumt werden dürfen; denn während eine Versäumnis des nur zur Verhandlung der Klageforderung anberaumten Termins zu einem Urteil auf Abweisung der Klage nach § 330 bezw. auf Verurteilung unter Vorbehalt nach § 331 verbunden mit § 302 führen müßte, könnte in einem nur zur Verhandlung über die Aufrechnung bestimmten Termine vor Spruchreife der Klagforderung ein Versäumnisurteil überhaupt nicht ergehen, weil ein Versäumniszwischenurteil über ein einziges Verteidigungsmittel nicht statthaft ist.“ Anderer Ansicht ist SEUFFERT[7]. Er hält das Ansetzen getrennter Termine für zulässig. Im Falle der Versäumnis des Klägers in einem der beiden Verfahren wird nach SEUFFERT die Klage durch Versäumnisurteil abgewiesen. Schwierigkeiten sieht SEUFFERT bei der Versäumnis in einem zur Verhandlung über die Einrede bestimmten Termine. Zwar sei der Streit über die Einrede kein Zwischenstreit im Sinne des § 374 Abs. 2, jedoch: „die Isolierung der Einrede erheischt ein Versäumnisverfahren. Man wird daher die Vorschriften der §§ 330 bis 346 entsprechend anzuwenden haben. Da der Beklagte in Ansehung der Einrede der Angreifer ist, so ist § 330

[4] Vergl. LIEBKNECHT, Kompensationsvollzug S. 119.

[5] GAUPP-STEIN, Bd. I S. 356, 357 unter e.

[6] Die Annahme, daß eine Aussetzung nach § 148 zulässig sei, steht im Widerspruch mit der Ansicht STEINS (s. oben Anm. 1), daß durch die Trennung nicht zwei selbständige Prozesse entstehen. Es fehlt der für § 148 erforderte „andere Rechtsstreit“.

[7] Kommentar 8. Aufl. S. 224.

anwendbar, wenn er den Termin versäumt; wogegen § 331 zur Anwendung gelangt, wenn der Kläger nicht erscheint. Im ersten Falle wird also durch Versäumniszwischenurteil ausgesprochen, daß die Einrede nicht begründet ist, im zweiten Falle wird das tatsächliche mündliche Vorbringen des Beklagten als zugestanden anzunehmen und, soweit es die Einrede begründet, durch Versäumniszwischenurteil festzustellen sein, daß die Einrede begründet ist.“ Liebknecht[8] hält die Verhandlung und Beweisaufnahme über die Aufrechnungseinrede nicht für unzulässig, auch bevor das Hauptverfahren erledigt ist, geht aber auf die Versäumnisfolgen in einem solchen Verfahren nicht ein.

Bei Erörterung der Frage, ob getrennte Termine über Klagforderung und Aufrechnung anberaumt werden dürfen, ist zunächst zu fragen, ob die Verhandlung in getrennten Terminen dem Zwecke der Vorschrift entspricht und ob praktisch ein Bedürfnis dafür anzuerkennen ist, sowie ferner, ob außer etwa zu befürchtender Komplikationen im Versäumnisfalle andere Gründe der Verhandlung in getrennten Terminen entgegenstehen.

Daß ein Bedürfnis vorliegen kann, dürfte unbedenklich zu bejahen sein. Man denke sich einen Fall, in welchem der Kläger den Kaufpreis aus einem Kaufvertrag einklagt, dessen Abschluß zwar noch nicht mit hinreichender Gewißheit feststeht, der aber dem Richter glaubhaft erscheint und der nach seiner Überzeugung nach persönlicher Befragung der Parteien oder nach einer kurzen Beweiserhebung als erwiesen anzusehen sein wird. Der Beklagte bringt dagegen inkonnexe Aufrechnungseinreden aus weit zurückliegenden angeblichen Schädenforderungen, wegen deren sich die Vernehmung auswärtiger Zeugen und Sachverständiger unzweifelhaft erforderlich machen wird. Warum sollte es in einem solchen Falle nicht zweckmäßig und gestattet sein, daß der Richter einen Trennungsbeschluß gemäß § 145 Abs. 3 verkündet, Termin zur Verhandlung (oder Beweisaufnahme) über die Klagforderung vor dem Prozeßgericht ansetzt und gleichzeitig einen Beweisbeschluß über die bestrittenen Grundlagen der Gegenforderung auf Vernehmung auswärtiger Zeugen durch zu requirierende Gerichte erläßt und den

[8] Kompensationsvollzug S. 119.

Beschluß durch Übersendung der Akten zur Ausführung bringt? Es liegt unzweifelhaft sowohl im Interesse der Parteien, wie auch des Gerichts, daß die Erörterung über die Gegenforderung nicht hinausgeschoben wird, da sie ja, sofern die Klagforderung zugesprochen wird (und dies ist die Überzeugung des Gerichts), nicht erspart werden kann. Darin liegt gerade der Vorteil, welchen die Anwendung des § 145 Abs. 3 vor der des § 146 bietet, daß durch vorläufiges Absehen von der Gegenforderung dem Kläger zunächst zu einem vollstreckbaren Urteil verholfen wird, während andererseits Zeitverluste durch Ruhenlassen der Gegenforderung vermieden werden. Hätte der Gesetzgeber nicht dieses Resultat im Auge gehabt und wäre er der Meinung gewesen, daß bei einer Anordnung getrennter Verhandlung über die Klage und Aufrechnung zuerst die Klagforderung und nach deren Erledigung erst die Gegenforderung erörtert werden müßten, so hätten, um diesen Zweck zu erreichen, die Bestimmungen der §§ 146 und 302 vollauf genügt. Mit einer Anordnung nach § 146, der nach allgemeiner Ansicht[9] auch dann Anwendung findet, wenn sich nur ein Angriffs- und ein Verteidigungsmittel (Klagforderung und Aufrechnungseinrede) gegenüberstehen, wird die Beiseitesetzung der Aufrechnungseinrede erreicht, und es wird, wenn infolge der Beschränkung der Verhandlung auf die Klage diese zuerst spruchreif geworden ist, stets die Situation zum Erlasse eines Vorbehaltsurteils nach § 302 gegeben sein. Einer Anordnung, daß über die Klage und über die Aufrechnung „getrennt verhandelt werde", würde es dann nie bedürfen. Die einzige Unterscheidung der Trennung des § 146 von der nach § 145 Abs. 3 bestünde darin, daß bei der letzteren das Vorbehaltsurteil obligatorisch ist, während es ohne die Trennung nach § 145 Abs. 3 stets dem Ermessen des Gerichts überlassen bleibt, ein Unterschied, der wiederum durch die Bestimmung des § 150 nahezu verwischt wird. Um dieser geringen Unterscheidung willen hätte der Gesetzgeber es nicht für nötig befunden, die so bestrittene Vorschrift des § 136 Abs. 2 beizubehalten und neu zu

[9] So die Kommentare zu § 146, vergl. Gaupp-Stein, Bd. I S. 359, Reincke, 4. Aufl. S. 170, Petersen, Bd. 1 S. 346, Seuffert, 8. Aufl. S. 226, Struckmann-Koch, I S. 188.

formulieren. Entstehungsgeschichte wie innere Gründe sprechen sonach gleichmäßig für die Zulassung getrennter Verhandlungstermine.

Gegen eine Verhandlung in getrennten Terminen könnten außer den zu befürchtenden Komplikationen im Versäumnisfalle äußere Schwierigkeiten, wie z. B. die der Aktenhaltung, geltend gemacht werden; jedoch kann durch Entnahme von Abschriften nötigenfalls Führung abgesonderter Nebenakten leicht abgeholfen werden.

Ein gewichtigeres Bedenken liegt darin, daß das Nebenverfahren über die Aufrechnung in seinem ganzen Bestande von dem Ergebnis des Verfahrens über die Klagforderung abhängig ist und daß, wenn sich die Erwartung, in welcher die Trennungsanordnung getroffen ist, die Klagforderung werde sich als begründet erweisen, nicht bestätigt, die über die Gegenforderung durchgeführte Verhandlung und Beweiserhebung überflüssig und hinfällig wird. Aber dieses Bedenken kann nicht durchschlagen, denn die CPO. kennt eine ganze Anzahl derartiger, in der Schwebe befindlicher Verfahren. Dieselbe Abhängigkeit von einem anderen Verfahren liegt vor bei dem am nächsten liegenden Nachverfahren nach Erlaß des Vorbehaltsurteils gemäß § 302, falls der Beklagte gegen das Vorbehalturteil Berufung eingelegt hat und das Berufungsverfahren in der zweiten Instanz schwebt. Hier ist das Nachverfahren und das in demselben zu erlassende Urteil in seiner Existenz dadurch bedingt, daß das Vorbehaltsurteil von der höheren Instanz bestätigt wird. Eine Klagabweisung in zweiter Instanz macht das Nachverfahren sowie auch ein etwa darin erlassenes abschließendes Urteil gegenstandslos. Ebenso liegt der Fall bei dem Nachverfahren nach Erlaß von Vorbehaltsurteilen im Sinne der §§ 540, 541, 599, 600, sowie dann, wenn das Gericht nach einem Zwischenurteil über eine prozeßhindernde Einrede gemäß § 275 Abs. 2 angeordnet hat, daß zur Hauptsache zu verhandeln sei. Überall hier braucht von der das Nachverfahren betreibenden Partei nicht abgewartet zu werden, bis das Vorbehalts- bezw. Zwischenurteil rechtskräftig geworden ist,[10] das Nachverfahren

[10] So die herrschende Ansicht und das RG., vergl. Urteile vom 5. Febr. 1884, Seufferts Arch. Bd. 40 S. 114; Beschluß vom 19. Jan. 1900, in Gruchot, Bd. 44 S. 457, sowie die übrigen hier zitierten Entscheidungen, vergl. Seuffert, Kommentar 8. Aufl. I S. 466 unter 6. Bezüglich des

sowie das Verfahren in zweiter Instanz müssen in allen diesen Fällen nebeneinander hergehen, eine Aussetzung des Nachverfahrens bis zur Erledigung des zweitinstanzlichen Verfahrens ist unzulässig.[11] Die Abhängigkeit des Nebenverfahrens über die Aufrechnungseinrede von dem Bestand der Klagforderung kann mithin nur einen Anlaß zur Vorsicht bei Anwendung der Trennungsbefugnis nach § 145 Abs. 3, nicht aber einen Grund für die Unzulässigkeit von getrennten Verhandlungs- und Beweisterminen über Klagforderung und Kompensationseinreden abgeben.

Hiernach bleibt lediglich zu prüfen, ob die nach STEIN und SEUFFERT zu befürchtenden Komplikationen in Versäumnisfalle das Ansetzen getrennter Termine auszuschließen geeignet sind. Wie es scheint, wird bei der Behauptung, die „Isolierung der Aufrechnungseinrede" müsse ein besonderes Versäumnisverfahren zur Folge haben, verkannt, daß ungeachtet der Trennungsanordnung der Rechtsstreit ein einheitlicher bleibt und daß nach wie vor Streitgegenstand in beiden Verfahren die Klagforderung ist. Freilich würde es bedenklich erscheinen, gegen die vorerwähnten Ausführungen SEUFFERTS und STEINS die Theorie von der „Einheit der mündlichen Verhandlung" ins Feld zu führen, hier wo das Gesetz der Trennungsanordnung die Wirkung beimißt, daß über die Klage und über die Aufrechnung „getrennt verhandelt" werde. Jedoch in der Beibehaltung der Einheit des Streitgegenstandes gleicht die Trennungsanordnung des § 145 Abs. 3 der des § 146, nach deren Anwendung jeder Termin

---

Nachverfahrens im Urkundenprozeß vergl. STEIN, Urkunden- und Wechselprozeß S. 336 ff., WILMOWSKI-LEVY zu § 563 Bem. 1 Bd. 2 S. 850; SEUFFERT, 4. Aufl. S. 691 unter 2, PETERSEN, Kommentar Bd. 2 zu § 600 S. 157, STRUCKMANN-KOCH zu § 600 Bd. I S. 770. Bezügl. des Nachverfahrens nach § 302 vergl. GAUPP-STEIN, Bd. I S. 673 und (unbestimmt) PETERSEN, Bd. I S. 644, STRUCKMANN-KOCH zu § 302 Bd. I S. 401. Über das Nachverfahren bei § 275 vergl. GAUPP-STEIN, Bd. I S. 603, PETERSEN, Bd. 1 S. 581 und die übrigen Kommentare. A. M.: KOHLER in BUSCH, Bd. 24 S. 29, vergl. Prozeß als Rechtsverhältnis S. 135 ff., GAUPP, 3. Aufl. Bd. 2 S. 181.

[11] Vergl. RG.-Beschluß vom 15. Febr. 1899, SEUFFERTS Arch. Bd. 54 S. 345, Beschluß vom 14. Nov. 1896. SEUFFERTS Arch. Bd. 52 S. 352 und vom 5. Jan. 1897 in JW. 1897 S. 367 Nr. 1. Übereinstimmend die Kommentare, s. z. B. PETERSEN, I S. 350 Bem. 5 zu §§ 148, 149.

sich gegebenenfalls auf den ganzen Streitstoff erstrecken kann, falls dasjenige Angriffs- oder Verteidigungsmittel, auf welches die Verhandlung beschränkt war, sich auf irgend eine Weise erledigt. Insofern ist das Gleiche von der Trennungsanordnung nach § 145 Abs. 3 zu behaupten. Wenn sich etwa in dem Termin über die Aufrechnungseinrede die Notwendigkeit ergebe, auf Elemente der Klagforderung oder auf andere Einreden zurückzugreifen, so könnte wohl ohne weiteres auch darüber verhandelt werden, und wenn in einem Termin über die Aufrechnung diese wider Erwarten erledigt würde, z. B. durch Verzicht des Beklagten, so würde nichts im Wege stehen, in demselben Termine die Verhandlung über die Klage fortzusetzen. Aber es bedarf hier, wo es sich um die Folgen der Versäumnis handelt, eines Argumentierens mit der „Einheit der Verhandlung" nicht. Die das Versäumnisverfahren der CPO. charakterisierenden Sätze ergeben sich, wie WACH[12] ausführt, nicht aus jenem „problematischen Dogma", sondern aus gewissen Vorschriften der CPO. über das Versäumnisurteil zu Grunde liegenden praktischen Erwägungen und aus deren Stellung im System der CPO. Die §§ 330, 331 stellen als erste Voraussetzung für den Erlaß eines Versäumnisurteils auf, daß der Kläger oder der Beklagte „im Termin zur mündlichen Verhandlung" nicht erscheint. Es wird in diesen Vorschriften, und ausdrücklich in § 332, im allgemeinen ein jeder Verhandlungstermin dem andern gleichgesetzt. Als Versäumnisfolge enthalten die Bestimmungen der CPO. für den Kläger Anspruchsverlust, für den Beklagten die *poena confessi* der Klagetatsachen und die Praeclusion der Verteidigung.[13] Daraus ist der Satz zu entnehmen, daß grundsätzlich jedes Versäumnisurteil den g a n z e n noch anhängigen Rechtsstreit erledigt, wovon als alleinige, erschöpfend angeführte Ausnahme § 347 Abs. 2 den Fall heraushebt, daß ein Termin lediglich zur Verhandlung über einen Zwischenstreit bestimmt war; nur hier ist ein Versäumniszwischenurteil zu erlassen. Das Versäumnisurteil gleicht insofern den Verzichts- und Anerkenntnisurteilen nach §§ 306 und 307, welche ergehen, wenn „bei der mündlichen Verhandlung" verzichtet oder

[12] Vorträge S. 149 ff.

[13] WACH a. a. O.

anerkannt wird. Es kann kein Zweifel darüber aufkommen, daß nach Trennung der Verhandlung über Klage und Aufrechnung ein Verzichts- oder Anerkenntnisurteil zu erlassen wäre, gleichviel ob der Verzicht oder das Anerkenntnis in einem über die Klage oder in einem über die Aufrechnung bestimmten Termine ausgesprochen würde. Daß auch für den Erlaß eines Versäumnisurteils der Trennungsbeschluß nach § 145 Abs. 3 ohne Einfluß ist, ergibt sich als Konsequenz der herrschenden Meinung, nach welcher die Versäumnisfolgen, wie sie in den §§ 330, 331, 332 festgestellt sind, die zwischen dem Beginn des Prozesses und ihrem Eintritt liegende Sachverhandlung „mit allen behaupteten Geständnissen, Beweiserhebungen, Beschlüssen und Zwischenurteilen“ ignorieren.[14] Wenn aber die Versäumnis bewirkt, daß ein Zwischenurteil, an welches das Gericht nach § 318 gebunden ist, beseitigt wird, so muß dies umsomehr von einem Beschluß gelten, welchen das Gericht (§ 150) jederzeit wieder aufheben kann.

Es ist sonach zu behaupten, daß das Versäumnisurteil in jedem Falle, gleichviel ob der Termin zur Verhandlung der Klage oder zur Verhandlung über die Aufrechnung bestimmt war, den ganzen anhängigen Rechtsstreit erledigt. Gegen den Kläger ist bei jeder Versäumnis nach § 330 auf Klagabweisung, gegen den Beklagten nach Maßgabe des § 331 auf Verurteilung zu erkennen. Daß ein Versäumnisurteil unter Vorbehalt gemäß § 302 gegen den Beklagten denkbar wäre, wie dies Stein annimmt, ist nicht zuzugeben; das Gesetz kennt das Vorbehaltsurteil gemäß § 302 nur als kontradiktorisches; es ist auch kein Grund einzusehen,

---

[14] Vergl. Wach a. a. O. S. 178, 179; noch weiter geht das RG. (vergl. Urteil vom 13. Jan. 1885, Entsch. Bd. 14 S. 343 ff.) und eine Anzahl Schriftsteller, z. B. Haas in Gruchot, Bd. 34 S. 336, der annimmt, daß sogar das über den Grund des Anspruches entscheidende Urteil des § 276 a. F. durch die Versäumnis des Beklagten gegenstandslos würde, und daß das Gericht im Versäumnisfall auch den Grund des Anspruchs prüfen müsse, vergl. dagegen Wach a. a. O. Gegen die Beseitigung von Zwischenurteilen überhaupt ist Bolgiano in Busch, Bd. 24 S. 165 ff., vergl. die daselbst S. 168—169 angeführte Literatur; dazu wie Wach auch Petersen, Kommentar Bd. I S. 709; abweichender Ansicht hinsichtlich des Zwischenurteils nach § 275 ist auch Gaupp-Stein, Bd. I S. 604, 764.

warum dem Beklagten im Versäumnisfalle die Entscheidung über die Aufrechnung vorbehalten werden sollte, denn auch in Bezug auf die Aufrechnungseinrede ist der Beklagte ungeachtet der Trennung so zu behandeln, als ob er auf sie verzichtet hätte.

Nach alledem steht nichts im Wege, daß das Gericht für die Verhandlungen über die Klage und über die Aufrechnung verschiedene Verhandlungs- oder Beweisaufnahmetermine ansetzt. Gleichzeitig mit dem Trennungsbeschluß sind die verschiedenen Termine zu bestimmen. Unterläßt es das Gericht, zur Verhandlung über die Aufrechnung einen Termin anzuberaumen, so kann der Beklagte den Kläger zur Verhandlung über die Aufrechnung laden (§ 214), und das Gericht darf sich dann der Verhandlung im gleichzeitigen Nebenverfahren über die Aufrechnung nicht entziehen, sofern der Trennungsbeschluß sich als ein solcher nach § 145 Abs. 3, nicht etwa nach § 146, ausdrücklich charakterisiert. Die Erledigung eines Prozeßstoffteiles nach dem andern ist nur auf Grund des § 146 gestattet. Eine Aussetzung des Verfahrens über die Aufrechnung auf Grund von § 148, welche Stein [15] zuläßt, ist für unzulässig zu erachten, da bezüglich der Aufrechnung ein „anderer Rechtsstreit“ nicht vorliegt, und das Gesetz eine Aussetzung nur aus den in § 148 ff. aufgezählten Gründen kennt. [16]

Vierter Abschnitt.

Wie ist zu verfahren, wenn der Beklagte auf Grund derselben Gegenforderung gleichzeitig Widerklage erhebt und die Aufrechnung geltend macht?

§ 21.

I. Wie ist diese Kombination möglich?

Wenn der Beklagte eine inkonnexe Widerklage erhoben hat, so kann nach § 145 Abs. 2 angeordnet werden, daß über Klage und Widerklage in getrennten Prozessen verhandelt werde, wo-

[15] Gaupp-Stein, Bd. I S. 357, s. oben Anm. 6.

[16] Vergl. die oben Anm. 11 angeführten Entscheidungen des Reichsgerichts.

gegen die Trennungsanordnung bezüglich der Aufrechnungseinrede nach Abs. 3 dahin geht, daß über die Klage und über die Aufrechnung „getrennt verhandelt" wird. Wir sahen die verschiedenen Wirkungen der beiden Trennungsarten. Wie nun, falls der Beklagte auf Grund ein und derselben Gegenforderung Widerklage erhoben und die Aufrechnung geltend gemacht hat? Können dann für die Trennung beide Anordnungen nebeneinander Anwendung finden, oder nur eine und welche von beiden?

Diese Kombination kann eintreten, sowohl wenn die Gegenforderung die Klageforderung übersteigt, als auch wenn beider Beträge einander gleichkommen,[1] Der am häufigsten vorkommende Fall wird der sein, daß der Betrag der Gegenforderung den der Klageforderung übersteigt, und daß die Gegenforderung zu dem der Klageforderung gleichkommenden Betrag aufgerechnet, während wegen des überschießenden Betrags Widerklage erhoben wird. Häufig wird dann die Klagforderung zugegeben und die Aufrechnung in Höhe der Klagforderung nicht eventuell, sondern pure erklärt werden, sodaß, da die Klagforderung zufolge Geständnisses spruchreif ist, von einer Trennung während der Verhandlung nach § 145 nicht mehr die Rede sein kann. Der Beklagte kann aber auch, obwohl er die Klagforderung bestreitet, und, was dann stets der Fall ist,[2] die Aufrechnung nur eventuell geltend macht, dennoch nur wegen des überschießenden Betrages Widerklage erheben. Dann ist über die Klagforderung und über die Gegenforderung und zwar in ihren beiden Beziehungen als Aufrechnungseinrede und als Widerklage zu verhandeln, sodaß die Möglichkeit einer Trennungsanordnung nach § 145 gegeben ist.

Wenn die Beträge der Klagforderung und der gleichzeitig zur Widerklage und zur Aufrechnung verwendeten Gegenforderung einander gleichkommen, so ist die Kombination von Widerklage und Aufrechnung stets nur so denkbar, daß eine von beiden eventuell geltend gemacht wird.

In welchem Umfange und unter welchen Voraussetzungen

---

[1] a. M. Gaupp-Stein, Bd. I S. 357 unter VII, wo (ohne Begründung) nur der Fall, daß wegen des überschießenden Betrages Widerklage erhoben ist, in Betracht gezogen wird.

[2] Vergl. Gaupp-Stein, Bd. 1 S. 355, Stölzel, Schulung Bd. 2 S. 22, 148.

eine Widerklage eventuell erhoben werden kann, ist, wie die Zulässigkeit eventueller Klaganträge überhaupt, bestritten. Eine Anzahl Schriftsteller, wie SCHOLLMEYER,[3] LÖNING,[4] STÖLZEL,[5] KOHLER,[6] GAUPP[7] und andere erklären die eventuelle Erhebung von Widerklage unter verschiedenen Voraussetzungen für zulässig, die überwiegende Meinung jedoch hält daran fest, daß wegen der an den Eintritt der Rechtshängigkeit geknüpften prozessualen Folgen diese keine Bedingung oder Eventualität zulasse, und daß es daher feststehen müsse, ob der Beklagte Widerklage erheben wolle oder nicht.[8]

Für uns kann als eventuelle Erhebung der Widerklage nur zweierlei in Betracht kommen: nämlich, ob der Beklagte die Widerklage nur für den Fall geltend machen kann, daß die gleichzeitig zur Aufrechnung gebrachte Gegenforderung nicht aufrechenbar sei, oder etwa auch für den Fall, daß es der Aufrechnung zur Zurückweisung der Klage nicht bedürfen solle. Bezüglich der letzteren, von STÖLZEL[9] zugelassenen Eventualität, hat LÖNING[10] zutreffend ausgeführt, es liege hier in Wahrheit eine „eventuelle Widerklage" gar nicht vor, denn die Aufrechnung werde, da die Klagforderung bestritten ist, selbst nur für den Fall geltend gemacht, daß andere Verteidigungsmittel gegen die Klage versagen, während die Widerklage umgekehrt für den Fall bestimmt sei, daß dieselbe den gewünschten Erfolg habe. Der Beklagte wolle also hier nicht die Widerklage, sondern vielmehr die Aufrechnungseinrede eventualiter geltend machen, dagegen die Widerklage zunächst pure „in erster Linie neben den sonstigen Verteidigungsmitteln" erheben und nur zum Ausdruck bringen, daß, falls die letzteren versagen, die Wider-

[3] Compensationseinrede S. 150.
[4] In BUSCH, Bd. 4 S. 133.
[5] Schulung Bd. 2 S. 39 ff., 42.
[6] In BUSCH, Bd. 24 S. 35, 36, 53.
[7] Kommentar 3. Aufl. Bd. I S. 322. Vergl. auch die oben (§ 8 Anm. 19) zitierten Schriftsteller.
[8] Vergl. die oben § 8 Anm. 18 angeführten Schriftsteller und Ent-Entscheidungen insbes. GAUPP-STEIN, Bd. I S. 357, PETERSEN in BUSCH Bd. 16 S. 519 ff.; RG.-Urteil vom 7. Okt. 1897, Entsch. Bd. 40 S. 331.
[9] a. a. O. S. 39.
[10] a. a. O. S. 133.

klage der Kompensation weichen solle. Es handelt sich also, wie LÖNING hervorhebt, „nicht um eine eventuelle Erhebung, sondern um ein eventuelles Fallenlassen der Widerklage.“ Nur ist LÖNING darin nicht beizupflichten, wenn er eine eventuelle Zurücknahme der Widerklage für zulässig hält. Diese ist ebenso unwirksam, wie die eventuelle Erhebung.[11] Für die zweite hier in Erwägung ziehende Möglichkeit einer eventuellen Widerklageerhebung (unter der Voraussetzung, daß die Gegenforderung sich als nicht kompensabel herausstellen sollte) erscheint aber die Ansicht des Reichsgerichts:[12] „die Frage, ob Widerklage erhoben und rechtshängig ist, muß bei der Erhebung feststehen und darf nicht bis dahin in der Schwebe bleiben, wo über die Zulässigkeit der Aufrechnungseinrede entschieden ist“ — zutreffend.

Sonach ist bei Erörterung der Trennungsbefugnis im Fall gleichzeitig erhobener Widerklage und Aufrechnungseinrede die Möglichkeit einer eventuellen Widerklage außer Acht zu lassen.[13] Es kann sich nur um den Fall handeln, daß der Beklagte pure eine Widerklage erhoben und gleichzeitig erklärt hat, daß er, im Fall die Klagforderung für begründet angesehen wird, mit seiner Gegenforderung aufrechnen wolle — der Fall einer mit der Widerklage verbundenen sogenannten Eventualaufrechnung.

Freilich ist auch die Zulässigkeit der Eventualaufrechnung nicht unbestritten. ECCIUS hat zuerst[14] dem Zweifel Ausdruck gegeben, ob nicht nach § 388 des BGB. die Eventualaufrechnung im Prozesse als eine „bedingte“ Aufrechnungserklärung für ausgeschlossen zu erachten sei. Er hat sich jedoch später[15] der von den Motiven zum BGB.[16] vertretenen Ansicht angeschlossen, daß bei der

---

[11] Vergl. insbes. PETERSEN in Busch, Bd. 16 S. 519, 520.

[12] Urteil vom 28. Febr. 1899, JW. 1899 S. 226 Nr. 14.

[13] Es ist übrigens zu bemerken, daß die eventuelle Widerklage, auch wenn man sie entgegen der im Text angeführten Ansicht des RG. für statthaft erachtet, für die Trennungsbefugnis des § 145 Abs. 3 außer Frage bleibt, da die Widerklage nach der Absicht des Beklagten erst dann zur Erörterung zu kommen hätte, wenn die Aufrechnung erledigt wäre, s. oben in § 8 bei Anm. 18, 19.

[14] Preuß. Priv.-Recht Bd. I S. 603 Anm. 68.

[15] In GRUCHOT, Bd. 42 S. 29, 33 ff.

[16] Bd. 2 S. 108.

Eventualaufrechnung „in der Tat eine unbedingte und unbetagte Kompensationserklärung vorliege, welche wegen Mangels einer wesentlichen Voraussetzung zerfalle, wenn der Richter den eingeklagten Anspruch aus anderen Gründen für ungerechtfertigt erklärt". Soviel zu sehen, vertritt nur noch FÖRTSCH [17] die gegenteilige Ansicht. Die Argumentation von FÖRTSCH geht im wesentlichen dahin, die eventuelle Aufrechnungserklärung im Prozesse sei nicht an die *conditio legis*, „falls die Gegenforderung bestehe" geknüpft, sondern enthalte die „Bedingung", daß die Klagforderung durck Urteil festgestellt würde. Letzteres sei aber ein Ereignis, dessen Eintreten oder Nichteintreten den Inhalt einer wirklichen Bedingung bilde. Zugegeben, daß der eventuellen Aufrechnungserklärung des Beklagten dieser Sinn unterzulegen sei, so ist doch zu bestreiten, daß die Erklärung, aufrechnen zu wollen, falls die Klagforderung bestehe, einen Unterschied enthalte von der Erklärung, aufrechnen zu wollen, falls die Klagforderung durch richterliches Urteil festgestellt werde; denn die Feststellung der Klagforderung durch richterliches Urteil ist nichts anderes als die juristisch relevante Form der Erkenntnis, daß die Klagforderung besteht. Mit der herrschenden Meinung [18] ist sonach anzunehmen, daß an der Zulässigkeit der Eventualaufrechnung im Prozesse durch § 388 BGB. nichts geändert worden ist. [19]

---

[17] In GRUCHOT, Bd. 42 S. 227 ff., bes. S. 231.

[18] Vergl. STÖLZEL in BUSCH, Bd. 24 S. 78, KOHLER, ebenda S. 19, 20, PLANCK, Kommentar z. BGB. Bd. 2 S. 170, DERNBURG: Das bürgerliche Recht Bd. II 1. Abt. S. 284, 285, sowie die Kommentare zur CPO. zu §§ 145 u. 322. Dahingestellt bleiben darf, ob mit den Motiven die Zulässigkeit der Eventualaufrechnung mit dem Vorliegen einer *conditio juris* zu erklären oder ob nicht (s. LIEBKNECHT, Vorbehaltszahlung und Eventualaufrechnung S. 153 ff., 217) richtiger das Vorliegen einer *conditio in praesens* anzuzunehmen ist.

[19] Eine von GEIB (Theorie S. 201 ff. vergl. in BUSCH, Bd. 22 S. 530, 537) konstruierte Möglichkeit der Kombination von Widerklage und Kompensationseinrede hat nirgends Zustimmung gefunden. GEIB nimmt an, daß der Beklagte „nur zum Zweck der Vorbereitung der Kompensationseinrede" eine „accidentelle mit ihr verbundene Widerklage" erheben könne. Der Zweck dieser „nur der Verteidigung dienenden" Widerklage soll darin bestehen, dem Beklagten die nach GEIB unzulässige Kompensation mit einer

§ 22.

2. Die Trennungsbefugnis im Falle der mit Widerklage verbundenen Eventualaufrechnung.

Bei der gleichzeitigen Geltendmachung von Widerklage und Aufrechnungseinrede hinsichtlich ein und derselben Gegenforderung kann es sich sonach nur darum handeln, daß der Beklagte die Aufrechnung eventualiter geltend macht, die Widerklage jedoch pure erhebt. Dabei ist nicht nur der Fall, daß der widerklagsweise geltend gemachte Betrag sich mit dem Aufrechnungsbetrage deckt, sondern auch die Möglichkeit, daß die Widerklage nur für den die Klagforderung übersteigenden Betrag erhoben worden ist, in Betracht zu ziehen, da es vorkommt, daß der Beklagte (um wegen der Widerklage nicht zu hohe Kosten zu riskieren) trotz Bestreitens der Klagforderung von seiner Gegenforderung nur den überschießenden Betrag mit der Widerklage fordert und mit dem gleichkommenden Betrage gegen die Klagforderung eventuell[1] aufrechnet.

Mit der Frage nach der prozessualen Behandlung der Kompensationseinrede und der mit ihr verbundenen Widerklage hat sich eingehend PETERSEN beschäftigt,[2] der aber nur den Fall im Auge zu haben scheint, daß der Beklagte wegen des vollen Betrags seiner Gegenforderung Widerklage erhoben hat.[3]

PETERSEN behandelt die Kombination von Widerklage und Aufrechnungseinrede hinsichtlich der Trennung bei der Entscheidung und hinsichtlich der Trennung im Laufe der Verhandlung; er berücksichtigt auch die neue Fassung der §§ 136, 273, 274, wie sie in dem mit der Novelle gleichlautenden Entwurf eines Einführungsgesetzes zum BGB. Art. 11 vorgelegen haben.

---

bereits rechtshängigen Gegenforderung zu ermöglichen, der Beklagte soll durch sie eine „*obligatio judicati*" erlangen. Vergl. dagegen STÖLZEL, Schulung Bd. 2 S. 39 Anm. 1.

[1] Vergl. oben § 21 Anm. 2.

[2] In BUSCH, Bd. 19 S. 104 ff. (vergl. den Nachtrag zu diesem Aufsatz daselbst S. 247 ff.) sowie im Kommentar an den unten angeführten Stellen.

[3] a. a. O. S. 106, 107.

Er legt seinen Ausführungen den durch den Beschluß der vereinigten Civilsenate des Reichsgerichts fixierten Standpunkt zu Grunde und kommt, indem er seine anfangs vertretene Meinung, § 274 a. F. setze voraus, daß die Gegenforderung nur mittels Einrede geltend gemacht sei und schließe den Erlaß eines Urteils nach § 274 a. F. bei gleichzeitiger Erhebung von Widerklage aus, aufgibt,[4] für die alte und die neue Fassung bezüglich der Trennung der Entscheidung zu dem gleichen Resultat: daß bei gleichzeitig erhobener Widerklage und Aufrechnungseinrede ein Teilurteil nach § 273 unzulässig und nur ein Vorbehaltsurteil nach § 274 möglich sei. PETERSEN begründet dies damit, daß durch den Erlaß eines Teilurteils nach § 273 der Beklagte mit seiner Aufrechnungseinrede aus dem Prozeß herausgewiesen und somit seines Aufrechnungsrechts verlustig gehen würde, während ein Vorbehaltsurteil nach § 274 für ihn wesentlich günstigere Wirkungen habe; es könne aber unmöglich angenommen werden, daß der Beklagte lediglich um deswillen schlechter gestellt werden dürfe, weil er mit der Aufrechnungseinrede eine Widerklage verbunden habe. Daher sei anzunehmen, daß die Klagforderung, solange ihr eine aufrechenbare Gegenforderung gegenüber stünde, zwar im Sinne des § 274 „zur Entscheidung reif" sein könne, nie aber im Sinne des § 273 a. F. „zur Endentscheidung reif".[5]

Zu einem in gleicher Weise befriedigenden Ergebnis kommt PETERSEN jedoch nicht für die Trennung im Laufe der Verhandlung nach § 136 a. F. Davon ausgehend, daß nach der alten Fassung vom Standpunkt des Reichsgerichts aus die Anwendung des § 136 Abs. 2 verschiedene Wirkung habe, je nachdem die Gegenforderung durch Widerklage oder durch Kompensationseinrede geltend gemacht worden sei, erörtert PETERSEN zunächst die widersinnigen Konsequenzen der Annahme, daß infolge einer Trennung nach § 136 Abs. 2 über die Widerklage in einem anderen Prozeß wie über die Klagforderung verhandelt und entschieden werde, daneben aber gleichzeitig in dem Prozeß über

---

[4] a. a. O. S. 108 ff. und Nachtrag S. 248; a. M. in diesem Punkte: WILMOWSKI-LEVY, Bd. I S. 491, 492 Anm. 1 zu § 274.

[5] PETERSEN a. a. O. S. 250 ff., ebenso im Kommentar Bem. 18 zu § 145 S. 345 und Bem. 3 zu § 302 S. 643, Bem. zu § 301, S. 641.

die Klagforderung eine getrennte Verhandlung über die Kompensationseinrede stattfinden solle. Bei einem derartigen Verfahren könne es dahin kommen, daß über die Klagforderung, nach deren Zuerkennung durch den ersten Richter, in der Berufungsinstanz verhandelt und entschieden werden müsse, während zugleich in der ersten Instanz zunächst ein besonderer Prozeß über die Widerklage, außerdem aber der auf die Klage bezügliche Rechtsstreit in Ansehung der Kompensationseinrede anhängig sei. Petersen verwirft weiter mit Recht auch die Annahme, daß etwa bei der Trennung die Kompensationseinrede außer Acht gelassen werden und lediglich die Widerklage in einen getrennten Prozeß verwiesen werden könnte, sodaß der Beklagte, nur weil er mit seiner Aufrechnungseinrede eine Widerklage verbunden hat, seines Aufrechnungsrechts verlustig ginge. Überwiegende Gründe sprächen sonach dafür, daß die neben der Kompensationseinrede erhobene Widerklage nicht in einen anderen Prozeß verwiesen, sondern daß auch hier nur die vom Reichsgericht bezüglich der Aufrechnungseinrede angenommene „Teilung des Streitstoffes" eintrete. Die Auffassung des Reichsgerichts führe folgerichtig entweder dazu, daß die Widerklage und die Kompensationseinrede auseinandergerissen würden und die Gegenforderung in zwei verschiedenen Prozessen zu verhandeln sei, oder dazu, daß die Widerklage „das Schicksal der Kompensationseinrede teile". Petersen sieht zwar in der letzteren Ansicht weniger Bedenken als in der ersten, hält aber keine für eine befriedigende Lösung.[6] Eine solche findet er auch nicht in der abgeänderten Fassung des § 136. Zwar mache diese Fassung möglich, daß das Gericht bei gleichzeitiger Widerklage und Aufrechnungseinrede sich darauf beschränkt, gemäß § 136 Abs. 3 anzuordnen, daß über die Klage und die Gegenforderung getrennt verhandelt werde, von der Verweisung der Widerklage in einen getrennten Prozeß (Abs. 2) aber absieht, jedoch könne das Gericht die Widerklage „unter allen Umständen, also auch dann, wenn der Beklagte eventuell Kompensationseinrede erhoben hat," in einen getrennten Prozeß verweisen. Trotz allem, was er selbst gegen die Verhandlung derselben Gegenforderung in zwei Prozessen anführt, erachtet Petersen

[6] a. a. O. S. 116 ff. insbes. S. 120.

dennoch die wahlweise Anwendung der beiden Trennungsanordnungen nach § 145 Abs. 2 und 3 nebeneinander für zulässig; er erklärt daher die Anwendung der Trennungsanordnung nach § 136 a. F. bei gleichzeitig erhobener Widerklage und Kompensationseinrede stets für unzweckmäßig.[7]

Anders äußert sich PETERSEN in seinem Kommentar:[8] „Wenn der Beklagte seine Gegenforderung zur Aufrechnung benützt, gleichzeitig aber auch wegen derselben Widerklage erhebt, so führt die in § 145 Abs. 3 vorgesehene Trennung zu Schwierigkeiten; denn die getrennte Widerklage unterliegt dann derselben Behandlung, wie die mehreren voneinander getrennten Klagansprüche, während gleichzeitig über die zur Aufrechnung benützte Gegenforderung in dem bezüglich der Klage anhängigen Prozesse weiter zu verhandeln ist. Hiernach kann es vorkommen, daß über die Gegenforderung gleichzeitig in mehreren Prozessen zu entscheiden ist und daß in verschiedenen Instanzen die Frage erörtert wird, ob die Gegenforderung besteht. Deshalb ist es geraten, in derartigen Fällen nicht von § 145 Abs. 3, sondern nur von § 302 Gebrauch zu machen". Es soll also die gleichzeitige Verhandlung der Gegenforderung in ihrer Eigenschaft als Aufrechnungseinrede und als Widerklage in zwei Prozessen die notwendige Wirkung jeder Anwendung der Trennungsbefugnis überhaupt sein, während durch eine Trennung der Entscheidung eine solche Wirkung nach PETERSEN nicht eintreten soll, da über die Klagforderung nur ein Vorbehaltsurteil nach § 302, nicht ein Teilurteil nach § 301 gestattet sei[9].

Gewiß ist PETERSEN in letzterem Punkte zuzustimmen; denn ein Teilurteil nach § 301 darf über die Klagforderung nicht ergehen, da diese vor Beseitigung der Aufrechnung nicht zur Endentscheidung reif ist.[10] In dem Nachverfahren bleibt sonach

---

[7] a. a. O. S. 123 ff., S. 252 ff.

[8] Bd. I S. 345 Bem. 18 zu § 145, vergl. Bem. 9 zu § 145 S. 339.

[9] Vergl. Kommentar Bd. I S. 643 Bem. 3 zu § 302, vergl. SEUFFERT, Kommentar 8. Aufl. I S. 463.

[10] Vergl. SEUFFERT, Kommentar 7. Aufl. S. 391 Bem. 2 zu § 273 a. F., KOHLER in BUSCH, Bd. 20 S. 55; ebenso OLG. Cöln, Urteil vom 21. März 1891 im Arch. f. d. Civil- und Kriminalrecht der Rheinprovinz Bd. 83 S. 61 ff.

auch nach PETERSENS Ansicht die Widerklage mit der Kompensationseinrede verbunden, was selbstverständlich ist, falls der Betrag der aufrechnungsweise geltend gemachten Forderung dem der Widerklage gleich ist. Denn dann kommt nach Erlaß eines Vorbehaltsurteils gemäß § 302 die Widerklage neben der Aufrechnung überhaupt nicht mehr in Betracht, da bei Erlaß des Vorbehaltsurteils feststehen muß, daß die Klagforderung an sich besteht und daß der Beklagte seine aufrechnungsweise geltend gemachte Gegenforderung dazu verwenden muß, um die Klagforderung zur Tilgung zu bringen, womit zugleich entschieden ist, daß die Widerklage nicht zugesprochen werden kann. Falls aber die Widerklage für einen überschießenden Betrag erhoben wurde, kommt ihr, auch wenn das Bestehen der Klagforderung feststeht, nach dem Erlaß des Vorbehaltsurteils in dem Nachverfahren neben der Aufrechnungseinrede eine selbständige Bedeutung zu.[11] Dann kann über die Widerklage im Nachverfahren gleichzeitig mit der vorbehaltenen Aufrechnungseinrede verhandelt und entschieden werden, ohne daß im Nachverfahren eine weitere Trennung von Widerklage und Aufrechnungseinrede ausgeschlossen wäre. Wenn auch beide in ein und derselben Gegenforderung ihre tatsächliche und rechtliche Begründung haben, so kann es sich dennoch hinsichtlich beider um einen verschiedenen Streitstoff handeln, falls nämlich die Gegenforderung an sich begründet ist und gegen dieselbe, soweit Aufrechnungseinrede, nur Einwendungen, welche die Kompensabilität ausschließen, vorgebracht werden, gegenüber der Widerklage aber selbständige Einwendungen, beispielsweise Aufrechnungseinreden geltend gemacht werden. In diesem Falle kann eine weitere Abtrennung der Widerklage von der Aufrechnungseinrede nach § 145 Abs. 2 oder § 301 (in dem Nachverfahren hinsichtlich der Aufrechnung ist noch immer die Klagforderung Streitgegenstand!) unter Umständen zweckmäßig erscheinen[12].

---

[11] Vergl. Urteil Nr. 95 in der Juristischen Zeitschrift für das Reichsland Elsaß-Lothringen Bd. 18 S. 351; SEUFFERT a. a. O., RG.-Urteil vom 15. Jan. 1889, SEUFFETS Arch. Bd. 45 S. 98.

[12] Siehe KOHLER in BUSCH, Bd. 20 S. 55. Analog verhält es sich in Bezug auf den Erlaß eines über den Grund einer mit der Aufrechnungs-

Zu bestreiten ist hingegen, was PETERSEN über die Wirkung einer Trennung bei Verbindung von Aufrechnungseinrede und Widerklage im Laufe der Verhandlung ausführt. REINCKE stimmt ihm hierin zu[13], während WILMOWSKI-LEVY[14] mit Recht der Trennungsanordnung nach § 136 Abs. 2 im Falle der Kombination von Widerklage und Aufrechnung ebendieselbe Wirkung zuschreiben, wie wenn die Aufrechnungseinrede ohne die Widerklage erhoben worden ist. Es ist in der That nicht einzusehen, warum bei Kombination von Aufrechnungseinrede und Widerklage eine Trennungsanordnung in jedem Falle zur Verweisung der Widerklage in einen getrennten Prozeß führen müsse oder warum mit anderen Worten § 145 Abs. 3 allein nicht zur Anwendung gebracht werden könne. Wenn PETERSEN für das beim Erlaß eines Vorbehaltsurteils nach § 302 anhängig bleibende Nachverfahren das Verbundenbleiben der Widerklage mit der Aufrechnungseinrede zugibt, so muß bei dem auch von PETERSEN des öfteren[15] hervorgehobenen Zusammenhang der Bestimmungen in § 145 Abs. 3 und in § 302 geschlossen werden, daß dem Verbundenbleiben von Widerklage und Aufrechnung auch im Nebenverfahren nichts im Wege stehen kann. Falls die wiederholt gezogene Schlußfolgerung richtig ist, daß § 145 Abs. 3 dann nicht angewendet werden darf, wenn der Erlaß eines Vorbehaltsurteils unmöglich ist, so muß auch der Schluß gerechtfertigt sein, daß, falls die Trennung als Abschluß nur ein Vorbehaltsurteil nach § 302 haben kann, während ein die Klagforderung definitiv zu-

einrede verbundenen Widerklage vorabscheidenden Urteiles. Vergl. RG.-Urteil vom 27. Nov. 1895, SEUFFERTS Arch. Bd. 51 S. 351; OLG. Stuttgart, Urteil vom 26. März 1897, Jahrbücher der württembergischen Rechtspflege Bd. 9 S. 328 ff., OLG. Hamburg, Urteil vom 18. Nov. 1890, mitgeteilt von BARKHAUSEN in BUSCH, Bd. 17 S. 139 ff. Das letztgenannte Urteil erklärt im Gegensatz zu den beiden vorgenannten den Erlaß eines Urteiles nach § 276 a. F. über die mit einer Aufrechnungseinrede verbundene auf den die Klagforderung überschreitenden Betrag gerichtete Widerklage für unzulässig, falls der Teil des Gegenanspruches, auf welchen Widerklage erhoben wird, nicht individualisiert sei.

[13] Kommentar 4. Aufl. Bem. IV zu § 144 S. 166.

[14] Kommentar Bd. I S. 241 Bem. 2 zu § 136.

[15] Vergl. oben § 13, bes. Anm. 17, 18.

sprechendes Teilurteil nach § 301 ausgeschlossen ist, auch die Trennungsbefugnis nur nach Maßgabe von § 145 Abs. 3 angewendet und eine Verweisung zum getrennten Prozeß nicht angeordnet werden darf. Mithin liegt kein Grund vor, die Trennungsanordnung nach § 145 Abs. 3 bei Kombination von Widerklage und Aufrechnungseinrede für durchaus unzweckmäßig zu erklären, weil die gleichzeitige Verhandlung der Gegenforderung in zwei getrennten Prozessen aus ihr notwendig folge. Dies letztere ist ohne weiteres dann für völlig ausgeschlossen zu erklären, wenn der Betrag der Widerklage dem der Klagforderung gleichkommt; denn in diesem Falle kann trotz zweifacher Geltendmachung die Gegenforderung nur durch eines von beiden realisiert werden: entweder durch Abweisung der bestehenden Klagforderung auf Grund der aufgerechneten Gegenforderung oder durch Verurteilung des Klägers und Widerbeklagten auf die Widerklage. Beides zusammen kann der Beklagte nicht erreichen; eine Verurteilung auf die Widerklage kann nur eintreten, falls feststeht, daß entweder die Klagforderung nicht besteht oder aber, daß sie durch Aufrechnung mit der Gegenforderung nicht getilgt werden kann, in dem ersten Falle fällt die Aufrechnung aus dem Prozesse über die Klagforderung heraus; und auch im letzteren Falle, der nur dann in Betracht kommt, wenn das Gericht die Gegenforderung zwar für existent, aber nicht für aufrechenbar erachtet, ist jedenfalls die Aufrechnungseinrede als solche erledigt, und es bedarf hinsichtlich ihrer einer weiteren Verhandlung, welche getrennt werden könnte, nicht mehr. Wenn dagegen die Widerklage auf den die Klagforderung übersteigenden Betrag erhoben worden ist, so hat die Widerklage auch für das Nebenverfahren gemäß § 145 Abs. 3 neben der Aufrechnung eine selbständige Bedeutung. Die Gegenforderung wird in vollem Umfange nur durch beides realisiert, durch Aufrechnung in Höhe der Klagforderung und durch Zusprechung der Widerklage in Höhe des die Klagforderung übersteigenden Betrags. In dem Nebenverfahren brauchen solchenfalls die Aufrechnungseinrede und die Widerklage nicht notwendig miteinander verbunden zu bleiben, wiewohl dies in der Mehrzahl der Fälle das Zweckmäßigere sein wird, da die Grundlage für die Aufrechnungseinrede und die Widerklage dieselbe ist;

jedoch ist auch hier möglich, daß der zu erörternde Prozeßstoff hinsichtlich der Aufrechnungseinrede und der Widerklage ein verschiedener ist, so wenn der Bestand der Gegenforderung an sich zugegeben ist oder feststeht und vom Kläger und Widerbeklagten gegen die Aufrechnung einerseits und gegen die Widerklage andererseits verschiedenartige Einwendungen vorgebracht werden, z. B. durch Behauptungen, die dahin zielen, die Gegenforderung sei nicht aufrechenbar und der Widerklage stünden kompensable Gegenforderungen entgegen. In derartigen Fällen kann neben der Anordnung nach § 145 Abs. 3, daß über Klage und Aufrechnung getrennt verhandelt werde, noch die weitere Anordnung gemäß Abs. 2, nach der die Widerklage in einen von dem Nebenverfahren über die Aufrechnung getrennten Prozeß verwiesen wird, zweckmäßig sein[16].

[16] Vergl. Seuffert, Kommentar 8. Aufl. Bem. 4 zu § 145 S. 224: „Wird neben der Aufrechnungseinrede eine Widerklage auf den Überschuß der aufgerechneten Forderung erhoben, so kann die getrennte Verhandlung über die Klage und über die Aufrechnung sowie die Verhandlung der Widerklage in einem getrennten Prozesse angeordnet werden. . . .“

Verzeichnis der benutzten Literatur.

DEGENKOLB, Prof. Dr. HEINRICH, Einlassungszwang und Urteilsnorm. Leipzig 1877.

DERNBURG, Prof. HEINRICH, Pandekten. 3. Aufl. Berlin 1892.

— — Lehrbuch des Preußischen Privatrechts. 5. Aufl. 1894.

ECCIUS, Dr. M. E., Theorie und Praxis des heutigen gemeinen preußischen Privatrechts auf der Grundlage des Werkes von Dr. FRANZ FÖRSTER. 7. Aufl. Berlin 1891.

— — Die eventuelle Aufrechnung, Beiträge zur Erläuterung des deutschen Rechts, begründet von GRUCHOT, Bd. XI S. 15 ff.

FISCHER, Prof. Dr. OTTO, Recht und Rechtsschutz. Ein Beitrag zur Behandlung der Grenzgebiete zwischen Privatrecht und Civilprozeß in Bezug auf den Entwurf eines BGB. f. d. D. R. Berlin 1889.

FITTING, Prof. Dr. HERMANN, Der Reichscivilprozeß. 7. Aufl. Berlin 1890, sowie 9. Aufl., nach der CPO. vom 20. Mai 1898 neu bearbeitet. Zitiert als: FITTING, Lehrbuch.

— — Über die Erlassung und Bekanntmachung der gerichtlichen Entscheidungen. Zeitschrift für deutschen Civilprozeß, begründet von BUSCH, Bd. X S. 1 ff.

FLECHTHEIM, Dr. JULIUS, Die Struktur der negativen Feststellungsklage. Zeitschrift für deutschen Civilprozeß, begründet von BUSCH, Bd. XXV S. 405 ff.

FÖRTSCH, Reichsgerichtsrat, Wird unter der Herrschaft des Bürgerlichen Gesetzbuches f. d. D. R. die Prozeßvollmacht zur Vornahme und Entgegenahme der Aufrechnung und anderer einseitiger Willenserklärungen, die dem anderen Teil gegenüber abzugeben sind, ermächtigen? Bedarf diese Frage der Regelung in der Civilprozeßordnung? — Sächsisches Archiv für Bürgerliches Recht und Prozeß, Bd. VII S. 401 ff.

— — Die sog. eventuelle Aufrechnung unter dem Rechte des Bürgerl. Gesetzbuches. — Beiträge zur Erläuterung des deutschen Rechts, begründet von GRUCHOT, Bd. XLI S. 225 ff.

FRIEDENTHAL, Dr. FELIX, Einwendung und Einrede in der Civilprozeßordnung und im Bürgerl. Gesetzbuch. Jena 1898. Zitiert als: FRIEDENTHAL, Einwendung.

GEIB, Prof. Dr. OTTO, Theorie der gerichtlichen Compensation. Tübingen 1897. Zitiert als: GEIB, Theorie.

HAHN und MUGDAN, Die gesamten Materialien zu den Reichs-Justizgesetzen. Berlin 1881—1898.

HELLMANN, Prof. Dr. FRIEDRICH, Lehrbuch des deutschen Civilprozeßrechts für akademischen und praktischen Gebrauch. München 1886.

— — Klagerecht, Feststellungsklage und Anspruch. JHERINGS Jahrbücher für die Dogmatik etc., Bd. 31 S. 79 ff.

HELLWIG, Prof. Dr. KONRAD, Anspruch und Klagerecht. Beiträge zum Bürgerlichen und zum Prozeßrecht. Jena 1900.

KATZ, Dr. ADOLF, Zur Lehre von der Prozeßverbindung nach der CPO. — Zeitschrift für deutschen Civilprozeß, begr. von BUSCH, Bd. XXVIII S. 63 ff.

KOHLER, Prof. Dr., Der Prozeß als Rechtsverhältnis, Prolegomena zu einem System des Civilprozesses. Mannheim 1888.

— — Kompensation und Prozeß. Zeitschrift für deutschen Civilprozeß, begründet von BUSCH, Bd. XX S. 1 ff.

— — Die Aufrechnung nach dem Bürgerlichen Gesetzbuch. Zeitschrift für den Civilprozeß, begründet von BUSCH, Bd. XXIV S. 1 ff.

LEONHARDT, Dr. ADOLF, Die bürgerliche Prozeßordnung und deren Nebengesetze. 2. Aufl. Hannover 1853.

LEONHARD, Prof. Dr., Der Anspruchsbegriff des Entwurfes eines BGB. f. d. D. R. Zeitschrift für deutschen Civilprozeß, begründet von BUSCH, Bd. XV S. 328 ff.

LÄMMERT, Landgerichtsrat, Über Begriff und Zulässigkeit der eventuellen Klageverbindung. Zeitschrift für deutschen Civilprozeß, begründet von BUSCH, Bd. XVI S. 428 ff.

LANGHEINEKEN, Dr. phil. u. jur., Der Urteilsanspruch, ein Beitrag zur Lehre vom Klagerecht. Leipzig 1899. — Zitiert als: LANGHEINEKEN, Urteilsanspruch.

LIEBKNECHT, Dr. KARL, Kompensationsvollzug und Kompensationsvorbringen nach gemeinem Recht. Berlin 1898. Zitiert als: LIEBKNECHT, Kompensationsvollzug.

— — Vorbehaltszahlung und Eventualaufrechnung. Berlin 1899.

LIPPMANN, Landgerichtsrat, Über die Begründung der Rechtshängigkeit durch Kompensationseinrede. Zeitschrift f. d. CPO., begründet von BUSCH, Bd. XIII S. 80 ff.

— — Zur Lehre von der Kompensation nach dem Entwurfe des BGB. JHERINGS Jahrbücher für Dogmatik etc., Bd. 32 S. 157 ff.

LIPPMANN, Landgerichtsrat, Die Einrede der Rechtshängigkeit nach der neuen CPO. — Archiv für civilistische Praxis, herausgegeben von KOHLER, RING etc, Bd. 65 S. 358 ff.

LOENING, Prof. Dr. RICHARD, Die Widerklage im Civilprozeß. Zeitschrift f. Civilprozeß, begründet von BUSCH, Bd. IV S. 1 ff.

MAYER, KARL, Landrichter, Anspruch und Rechtskraft nach deutschem Civilprozeßrecht. Freiburg i. B. u. Leipzig 1896.

MEYER, HERMANN, Oberlandsgerichtsrat, Anleitung zur Prozeßpraxis. 5. Aufl. Berlin 1899.

Motive zu dem Entwurfe eines Bürgerlichen Gesetzbuches für das Deutsche Reich. Amtliche Ausgabe. Berlin 1888.

ORGLER, FRITZ, Rechtsanwalt, Beitrag zur Lehre von der prozessualen Behandlung der Kompensationseinrede. Tübingen 1897. Zitiert als: ORGLER, Beitrag.

OSANN, ARTHUR, Beiträge zur Behandlung der Kompensationseinrede in der deutschen Civilprozeßordnung. Darmstadt 1885.

OSTERLOH, Prof. Dr. ROBERT, Lehrbuch des gemeinen deutschen Civilprozesses. Bd. 1. Leipzig 1856.

PETERSEN, Dr. Reichsgerichtsrat, Wird durch die Kompensationseinrede Rechtshängigkeit begründet? — Zeitschrift für deutschen Civilprozeß, begründet von BUSCH, Bd. I S. 93 ff.

— — Inwieweit wird durch die Kompensationseinrede Rechtshängigkeit begründet? Ein Nachtrag. Zeitschrift für Civilprozeß, begründet von BUSCH, Bd. IV S. 293 ff.

— — Die Kompensationseinrede und die Vorschriften der Reichscivilprozeßordnung. Beiträge zur Erläuterung des deutschen Rechts, begründet von GRUCHOT, Bd. XXX S. 1 ff.

— — Wird durch die Kompensationseinrede Rechtshängigkeit begründet? Eine Erwiderung. Beiträge zur Erläuterung des deutschen Rechts, Bd. XXXI S. 35 ff.

— — Die prozessuale Behandlung der Kompensationseinrede und der mit ihr verbundenen Widerklage, und; Die prozessuale Behandlung der Kompensationseinrede und der mit ihr verbundenen Widerklage. Ein Nachtrag. Zeitschrift für deutschen Civilprozeß, begründet von BUSCH, Bd. XIX S. 104 ff. S. 247 ff.

— — Über eventuelle Klagebegehren und Rechtsmittel, die eventuelle Verbindung von mehreren Klagegründen, Zeitschrift für deutschen Civilprozeß, begründet von BUSCH, Bd. XVI S. 493 ff.

PFIZER, Landgerichtsrat, Endurteil und Zwischenurteil in Anwendung auf die Einrede der Kompensation. Beiträge zur Erl. d. deutschen Rechts, begründet von GRUCHOT, Bd. XXXII S. 351 ff.

— — Eventuelles Vorbringen. Zeitschrift für deutschen Civilprozeß, begründet von BUSCH, Bd. XXI S. 367 ff.

Planck, Prof. Dr. Julius Wilhelm, Lehrbuch des Civilprozeßrechts. Nördlingen 1887. Zitiert als: Planck, Lehrbuch.

— — Die Mehrheit der Rechtsstreitigkeiten im Prozeßrecht. Göttingen 1844.

Redlich, Dr. Gerichtsassessor, Die Rechtskraft der Entscheidung über die Gegenforderung im Falle der Aufrechnung. Zeitschrift f. deutschen Civilprozeß, begründet von Busch, Bd. XXV S. 357 ff.

Schepers, Landrichter, Die Befugnis des Gerichts zur Trennung der Verhandlung und Entscheidung nach der deutschen Civilprozeßordnung. Beiträge zur Erläuterung des deutschen Rechts, begründet von Gruchot, Bd. XXIV S. 749 ff. u. S. 859 ff.

Schmidt, Prof. Dr. O., Lehrbuch des deutschen Civilprozeßrechts. Leipzig 1898. — Dazu: Die Änderungen des deutschen Civilprozeßrechts nach der Novelle des Jahres 1898.

Schollmeyer, Prof. Dr. F., Die Compensationseinrede im deutschen Reichscivilprozeß. Berlin und Leipzig 1884. Zitiert als Schollmeyer, Compensationseinrede.

— — Noch einmal die Rechtshängigkeit der zum Zweck der Aufrechnung geltend gemachten Gegenforderung. Beiträge zur Erläuterung des deutschen Rechts, begründet von Gruchot, Bd. XXXI S. 222 ff.

Seuffert, Prof. Dr. Lothar, Über richterliches Ermessen. Akademische Festrede. Gießen 1880.

Siber, Dr. Heinrich, Kompensation und Aufrechnung. Ein Beitrag zur Lehre des deutschen bürgerlichen Rechts. Leipzig 1899.

Stein, Dr. Friedrich, Der Urkunden- und Wechselprozeß. Leipzig 1887.

Stölzel, Adolf, Schulung für die civilistische Praxis. Zweiter Teil. Berlin 1897.

Ude, Zur Lehre von der Sach- und Prozeßleitung. Zeitschrift für deutschen Civilprozeß, begründet von Busch, Bd. V S. 330 ff.

Wach, Prof. Dr. Adolf, Handbuch des deutschen Civilprozeßrechts. Bd. I. Leipzig 1885. Zitiert als Wach, Handbuch.

— — Vorträge über die Reichs-Civilprozeßordnung. 2. Aufl. Bonn 1896. Zitiert als Wach, Vorträge.

— — Der Feststellungsanspruch. Ein Beitrag zur Lehre vom Rechtsschutzanspruch. Leipzig 1889. Zitiert als Wach, Feststellungsanspruch.

— — Die civilprocessualische Enquête. Ergänzungsheft zu Bd. XI der Zeitschrift für deutschen Civilprozeß. Zitiert als Wach, Enquête.

— — Der Entwurf einer deutschen Civilprozeßordnung. Kritische Vierteljahrsschrift für Gesetzgebung und Rechtswissenschaft. Bd. 14 S. 329 ff. S. 584 ff. Zitiert als Wach, Entwurf.

WACH, Prof. Dr. ADOLF, Prozeßvollmacht und Einrede der Aufrechnung. Zeitschrift für deutschen Civilprozeß, begründet von BUSCH, Bd. XXVII S. 1 ff.

WEISSMANN, Prof. Dr. JAKOB, Die Hauptintervention und Streitgenossenschaft. Ein Beitrag zu den Grundlehren des Aktionen- und Prozeßrechts. Leipzig 1884. Zitiert als WEISSMANN, Hauptintervention.

WETZELL, Dr. GEORG WILHELM, System des ordentlichen Civilprozesses. 3. Aufl. Leipzig 1878. Zitiert als WETZELL, System.

WEX, Senatspräsident, Die Verhandlung in getrennten Prozessen in Gemäßheit der Vorschrift des § 136 der deutschen CPO., insbesondere die Kompensationseinrede. — Beiträge zur Erläuterung des deutschen Rechts, begründet von GRUCHOT, Bd. XXXI S. 248 ff.

WINDSCHEID, Lehrbuch des Pandektenrechts. 8. Aufl. Herausgegeben von Prof. Dr. THEODOR KIPP. Frankfurt a. M. 1900. Zitiert als WINDSCHEID-KIPP.

WINTER, W., Regierungspräsident a. D., Erläuterungen zu dem Entwurf einer allgemeinen Civilprozeßordnung für die deutschen Bundesstaaten. Wiesbaden 1867.

Von den Kommentaren zur Civilprozeßordnung wurden benutzt:

VON BÜLOW, 2. Aufl. Hannover 1882.

FÖRSTER, Grünberg 1886.

GAUPP, 3. Aufl. Unter Mitwirkung von STEIN. Freiberg 1897.

GAUPP, 4. Aufl. Neu bearbeitet von STEIN. Tübingen und Leipzig 1901. Zitiert als GAUPP-STEIN.

PETERSEN, 4. Aufl. Unter Mitwirkung von ANGER. Lahr 1899.

REINCKE, 4. Aufl. Berlin 1900.

SEUFFERT, 4. Aufl. Nördlingen 1889.

SEUFFERT, 7. Aufl. München 1895.

SEUFFERT, 8. Aufl. Bd. I. München 1901.

SIEBENHAAR, Leipzig 1877.

STRUCKMANN und KOCH, 8. Aufl. Berlin 1901.

VON WILMOWSKI und LEVY, 7. Aufl. Berlin 1895.

Anderweit benutzte Werke und Abhandlungen sind ausführlich zitiert.

Paragraphen ohne Zusatz bedeuten Paragraphen der Civilprozeßordnung in der Fassung vom 20. Mai 1898, während die Paragraphen der alten Fassung mit dem Zusatz a. F. zitiert sind.

Druck von Metzger & Wittig in Leipzig.

Kolibri 360 GmbH
Ferdinand-Jühlke-Straße 7
99095 Erfurt, Deutschland
produktsicherheit@kolibri360.de